Zart, leicht & locker

Biskuit

von Oda Tietz

Fotos: Andreas Ketterer & Evelyn Layher

Bassermann Inspiration

Ein Luftikus in bester Begleitung

Biskuitteig ist der Feinste, Zarteste, Edelste unter den Teigarten. Was ihn besonders hinreißend macht: Er kommt nie allein daher, sondern schmückt sich aufs Schönste mit vielfältigen Köstlichkeiten und Verzierungen.

Sehen sie nicht hinreißend aus, diese Torten und Törtchen? Man kann ihnen nur schwer widerstehen. Sie schmecken einfach himmlisch und lassen jede Kaffeestunde zum Fest werden. Mal vermählt sich der luftige, hauchzarte Biskuit mit heller oder dunkler Creme, mal mit aromatischer Konfitüre, glänzender Kuvertüre, mal flirtet er mit Sahne und erfrischenden, farbenfrohen Früchtchen.

Das Buch bietet zarte Kreationen mit fruchtigen und raffinierten Füllungen, die phantasievoll herausgeputzt wurden. Wie wäre es, wenn Sie sich und Ihre Familie oder Freunde mit leckeren Schokoküssen oder Ricottatörtchen erfreuen würden. Oder verwöhnen Sie sie mal mit einer Sachertorte oder einer der beliebten Biskuitrollen.

Viel Spaß beim Backen, Füllen, Dekorieren, Experimentieren
und beim Genießen!

Ihre *Oda Tietz*

Die Rezepte

Biskuit – die Zutaten

Biskuit ist ein zarter, luftiger Teig. Er ist die Grundlage für Torten, Desserts und Gebäck. Neben der Luft, die in den Teig hineingeschlagen werden muss, besteht Biskuit nur aus wenigen Grundzutaten: Eigelb, Zucker, Eischnee und einer Mehl-Speisestärke-Mischung.

Die Reihenfolge der Zutaten bei der Zubereitung kann man sich leicht merken:

1. **Eigelb**
   Sieht das Rezept Butter vor, gibt man sie flüssig, aber abgekühlt zum Eigelb.

2. **Zucker**

3. **Eischnee** (sauber getrennt vom Eigelb!)

4. zuletzt die **Mischung aus gesiebtem Mehl und Speisestärke,** die eventuell Kakao, Backpulver oder gemahlene Nüsse enthält

Wichtig ist, dass Eiweiß und Mehl nur untergehoben werden. Dann muss der Teig sofort gebacken werden, weil er sonst zusammenfällt.

Das mag Biskuit nicht

Biskuit bleibt „sitzen" und geht nicht auf, wenn

- die Eigelbmasse nicht schaumig genug geschlagen wurde
- das Eiweiß nicht sauber genug vom Eigelb getrennt wurde
- das Eiweiß nicht steif genug geschlagen wurde
- die geschmolzene Butter beim Unterziehen unter den Teig eine zu hohe Temperatur hatte
- das Mehl eingerührt und nicht vorsichtig mit einem großen Metalllöffel untergezogen wurde
- das Mehl sich nicht genügend mit den anderen Zutaten vermischt hat
- die Ofentür vorzeitig geöffnet wurde, so dass ein Luftzug entstand
- die Backtemperatur nicht an allen Stellen gleichmäßig war
- die Backform im Ofen einen Stoß bekommen hat
- der Kuchen nicht lang genug gebacken wurde

So gelingt Biskuit perfekt

Der Teig

1 Eigelb und Zucker mit ein wenig warmem Wasser sehr schaumig schlagen. Die federleichte Masse braucht viel Luft! Deshalb muss sie ausdauernd – stets in einer Richtung – geschlagen werden. So lange schlagen, bis die Masse hell und dick ist und sich ihr Volumen verdoppelt hat. Das geht gut mit einem Schneebesen oder mit einem Handrührer mit Rührbesen.

2 Wenn im Rezept angegeben, die zerlassene, abgekühlte Butter auf dem Rand der Eigelbmasse verteilen und unterheben.

3 Das Eiweiß mit einer Prise Salz steif schlagen, auf die Eigelbmasse geben.

4 Mehl, Speisestärke und Backpulver vermischen, auf den Eischnee sieben, vorsichtig mit einem großen Metalllöffel unterheben. Der fertige Teig sollte glatt, hell und locker sein.

5 Den Teig mit einem Teigschaber in die mit Backpapier ausgelegte Form füllen und glatt streichen. Der Teig muss ganz gleichmäßig verteilt sein, sonst trocknen manche Stellen aus, bevor der Kuchen oder Teigboden fertig gebacken ist.

Der Backvorgang

Backpapier

Springformboden und Backblech stets mit Backpapier auskleiden. Dafür das Backpapier anpassen, überstehende Ränder abschneiden, den Boden der Backform an vier Stellen mit weicher Butter einfetten, das Backpapier festdrücken und glatt streichen. Achtung: Den Formenrand nicht einfetten.

Mittlere Schiene

Den Kuchen am besten auf der mittleren Schiene des vorgeheizten Backofens backen. Vor Backbeginn mit einem Backthermometer prüfen, ob die gewünschte Temperatur erreicht ist.

Backofentür nicht öffnen

Die Backofentür nicht öffnen, bevor zwei Drittel der Backzeit vergangen sind, denn bei einem plötzlichen Luftzug würde der Teig zusammenfallen.

Garprobe

Ob ein Biskuitkuchen fertig gebacken ist, erkennt man daran, dass er eine goldgelbe Farbe hat, gut aufgegangen ist und sich vom Rand der Backform löst. Wie bei allen Kuchenarten sollte man eine Garprobe machen, z. B. mit einer Stricknadel oder einem Metallspieß in den Kuchen einstechen.) Wenn noch Teig daran haftet, den Kuchen weitere 5 Minuten backen. Der gar gebackene Kuchen soll sich nicht mehr feucht, sondern watteähnlich anfühlen.

Abkühlen auf dem Kuchengitter

Lassen Sie den Kuchen nach dem Backen noch kurz in der Form, dann wird er zum Auskühlen auf ein Kuchengitter gestürzt. Dafür das Kuchengitter mit einer Hand auf die Oberfläche des Kuchens legen, die andere Hand unter den Boden der Form schieben. Den Kuchen stürzen. Sollte sich der Kuchen vom Rand schwer lösen, ein Messer vorsichtig am Innenrand der Form entlang führen. Vorsichtig das Backpapier abziehen.

Eine Biskuitrolle herstellen

Biskuit, der für eine Rolle verwendet werden soll, stürzt man auf ein mit feinem Zucker bestreutes Geschirrtuch; das Backpapier mit kaltem Wasser bestreichen und langsam von einer Ecke her abziehen, dabei den Biskuit nicht beschädigen. Falls die Ränder zu knusprig geworden sind, vor dem Füllen ringsherum 1 cm vom Teig wegschneiden. Den Kuchen noch heiß (damit er nicht bricht!) mit Hilfe des Geschirrtuches aufrollen. Sobald die Rolle etwas abgekühlt ist, wieder zurückrollen, füllen (dabei einen Rand von ca. 2 cm lassen), wieder aufrollen und die Rolle kalt stellen.

Eine Torte herstellen

Böden schneiden

Der gebackene runde Biskuitboden ist ca. 5 cm hoch. Um eine gefüllte Torte herzustellen, wird er in zwei oder drei Böden geschnitten. Dafür gibt es spezielle Tortenschneider, es geht aber auch mit Messer und Faden sehr gut: Den Boden ringsum auf gleicher Höhe (Lineal benutzen) mit einem Messer ca. 1 cm einritzen. Einen Zwirnfaden in diese Linie um den Boden legen und den Faden langsam und vorsichtig zusammenziehen.

Boden abheben

Beim Abheben des Bodens muss vorsichtig gearbeitet werden, damit der Boden nicht bricht. Um den Boden zu stützen, schiebt man am besten Backpapier, ein Palettenmesser oder einen umgedrehten Springformboden etwas unter den Boden und schiebt ihn dann auf diese „Stütze“.

Torte füllen

Man beginnt mit dem Füllen beim untersten Boden. Zum Aufstreichen der Füllung nimmt man ein langes Messer oder ein Palettenmesser. Es wird ringsum ein Rand von ca. ½ cm frei gelassen. Den zweiten Boden auf die Füllung setzen und leicht andrücken.
Nach dem Füllen und Auflegen der einzelnen Böden ringsum die Ränder glatt streichen.
Zu Biskuitböden passen Obst, Fruchtsahne, Buttercreme, Sahne, Sahnequark, Konfitüre und Verzierungen wie kandierte Früchte, verzuckerte Blüten, Gelee, Kuvertüre, Marzipan oder Schokolade, Zuckerguss, Pralinen, Nüsse und vieles mehr.

Tortenrand verzieren

Nachdem der Tortenrand mit Sahne bestrichen wurde, kann er mit Streuseln, Krokant, Mandelblättchen und vielem mehr bestreut werden. Dafür ein großes Papier unter die Torte legen (es sollte ringsum einen Rand von ca. 15 cm haben) und die Streusel mit einem breiten Messer, dem Teigschaber oder einem Löffel an den Rand „werfen".

Die Füllungen

Sahne

- Die für Füllungen eingesetzte Sahne sollte immer einen Fettgehalt von 30 % oder mehr haben, damit sie richtig fest wird.

- Die Sahne sollte ebenso wie die Rührbesen des Mixers und die Schüssel gekühlt sein. Man schlägt die Sahne zuerst auf mittlerer Stufe schaumig, dann auf hoher Stufe fest.

- Sahnefüllungen brauchen einen Stabilisator, dafür wird meist Gelatine genommen. Diese wird in Wasser, Saft, Sahne, Likör eingeweicht, unter Wärmezufuhr aufgelöst, mit etwas geschlagener Sahne verrührt und dann unter die geschlagene Sahne gehoben. Andere Stabilisatoren sind Sahnesteif oder Agar-Agar.

Quark und Frischkäse

- Wird Quark für die Füllung verwendet, sollte dieser vor Gebrauch im Sieb abgetropft werden, damit die Füllung nicht zu feucht wird.

- Oft wird Quark oder Frischkäse für eine bessere Cremigkeit mit Sahne gemischt.

Buttercreme

- Buttercreme ist eine Mischung aus Butter und Pudding. Für ein optimales Ergebnis müssen Butter und Pudding die gleiche Temperatur (am besten Zimmertemperatur) haben.

- Der Pudding wird löffelweise in die schaumig geschlagene Butter gegeben.

- Mit Buttercreme gefüllte Torten schmecken besonders gut, wenn man sie 1 bis 2 Tage durchziehen lässt.

- Sie lassen sich leichter schneiden, wenn man das Messer zwischendurch in heißes Wasser taucht und abtrocknet.

Konfitüre

- Viele Tortenböden werden mit einer Schicht Konfitüre bestrichen. Damit sie sich gut verstreichen lässt, wird sie erwärmt, durch ein Sieb gestrichen und erst dann auf den Kuchen gegeben.

- Nach Belieben kann man die Konfitüre mit einem Schuss Fruchtlikör oder Rum verfeinern.

Köstliche Törtchen und Desserts

Teig

4 Eier, Größe L
2 EL warmes Wasser
60 g Zucker
1 Päckchen Bourbon-Vanillezucker
1 Prise Salz
130 g Mehl
60 g Speisestärke
1 TL Backpulver

Glasur

500 g Zartbitter-Kuvertüre

Füllung

150 g Himbeerkonfitüre
1 TL Instant-Kaffeepulver
1 TL Kakaopulver
2 EL kochendes Wasser
100 g geraspelte Mokka-Schokolade
200 g Butter

Küchengeräte

Handrührgerät
Backblech und -papier
Spritzbeutel mit großer Lochtülle
evtl. 8 Papierförmchen, 7 cm Ø

Backzeit: 12 Minuten
Ofentemperatur: 180 °C

Ergibt 8 Stück

Schokoküsse

1 Die Eier trennen. Das Eigelb mit dem Wasser schaumig schlagen. Zucker und Vanillezucker unterrühren. Das Eiweiß mit dem Salz zu steifem Schnee schlagen und auf die Eigelbmasse geben. Mehl, Speisestärke und Backpulver vermischen, auf den Eischnee geben, alles unter die Eigelbmasse ziehen. Nicht rühren.

2 Den Teig in einen Spritzbeutel mit großer Lochtülle einfüllen. Ein Backblech mit Backpapier auslegen und den Teig kuppelförmig aufspritzen oder in Papierförmchen spritzen. Sofort im vorgeheizten Backofen bei 180 °C (Gas Stufe 2, Umluft 160 °C) etwa 12 Minuten backen. Herausnehmen, auf einem Kuchengitter auskühlen lassen, die Kuchen waagerecht halbieren.

3 Die Kuvertüre zerkleinern und über einem heißen Wasserbad schmelzen. Die Gebäckstücke mit einem Backpinsel rundum (bis auf die Standfläche) damit überziehen. Auf einem Kuchengitter trocknen lassen. Die Konfitüre erwärmen, durch ein Sieb streichen und die mit Kuvertüre überzogenen Schnittflächen der Schokoküsse damit bestreichen.

4 Kaffeepulver und Kakao in kochendem Wasser auflösen, die Schokolade dazu geben und über einem heißen Wasserbad schmelzen, danach abkühlen lassen. Die Butter schaumig rühren, die Schokoladenmasse unterrühren, auskühlen lassen, die Küsse damit füllen.

Variante Anstelle der Schokomasse kann man die Küsse auch mit einer Nussfüllung veredeln. Dafür 2 kandierte Orangenscheiben und 20 g kandierten Ingwer in sehr kleine Würfel schneiden und mit 150 g Marzipanrohmasse und 150 g gemahlenen Walnüssen verkneten. Die Masse zwischen zwei Lagen Klarsichtfolie ca. 1/2 bis 1 cm dick ausrollen. Die Küsse damit füllen. Nach 1 bis 2 Tagen schmecken die Schokoküsse besonders gut.

Teig
50 g Butter | 4 Eier, Größe L
4 EL warmes Wasser | 125 g Zucker
1 Prise Salz | 100 g Mehl
30 g Speisestärke
1/2 TL Backpulver

Belag
1 Päckchen Vanille-Puddingpulver
2 EL Zucker
250 ml Milch | 250 ml Sahne
750 g Beerenobst nach Wunsch
(frisch oder Tk-Ware)

Guss
1 Päckchen Klarer Tortenguss
250 ml Himbeersaft
2 EL Zucker

Küchengeräte
Handrührgerät
8 Torteletttförmchen, 10 cm Ø

Backzeit: 14 Minuten
Ofentemperatur: 180 °C

Ergibt 8 Stück

Bunte Obsttörtchen mit Vanillecreme

1 Die Butter zerlassen, die Eier trennen. Eigelb in eine Schüssel geben, 4 EL warmes Wasser zufügen, alles schaumig schlagen. Zucker unterrühren und weiter schaumig schlagen. Die abgekühlte flüssige Butter einrühren. Eiweiß und Salz steif schlagen.

2 Mehl, Speisestärke und Backpulver vermischen. Den Eischnee auf die Eigelbmasse geben, die Mehlmischung darübersieben und zusammen mit dem Eischnee unterziehen.

3 Die Backförmchen einfetten, mit Mehl ausstreuen. Jeweils 2 bis 3 EL Teig in die Förmchen geben und glatt streichen. Im vorgeheizten Backofen bei 180 °C (Gas Stufe 2, Umluft 160 °C) etwa 14 Minuten backen. Noch kurz in den Förmchen auskühlen lassen, dann zum Abkühlen auf ein Kuchengitter setzen.

4 Das Puddingpulver mit 2 EL Zucker in etwas kalter Milch glatt rühren. Die restliche Milch mit der Sahne in einen Topf geben, zum Kochen bringen. Das angerührte Puddingpulver hinein geben, unter Rühren kurz aufkochen lassen, vom Herd nehmen und auskühlen lassen. Ab und zu umrühren, damit sich keine Haut bildet.

5 Pudding und Beeren (Tk-Beeren gefroren) auf den Torteletts verteilen. Den Tortenguss mit etwas Saft und dem Zucker verrühren. Den restlichen Saft zum Kochen bringen, den angerührten Guss untermischen und kurz aufkochen lassen, vom Herd nehmen. Sobald der Guss zu gelieren beginnt, die Beeren damit überziehen.

Teig
6 Eier, Größe L | 2 EL warmes Wasser
50 g Marzipanrohmasse
150 g Zucker | 1 Prise Salz
140 g Mehl | 50 g gemahlene Haselnüsse

Füllung
200 g Aprikosenmarmelade
1 EL Aprikosenlikör

Decke und Dekoration
250 g Marzipanrohmasse
150 g Puderzucker
rote Lebensmittelfarbe
(oder fertige Marzipanrosen kaufen)

Glasur
1 EL Kokosfett
500 g Puderzucker
evtl. Lebensmittelfarbe (rot und gelb)

Küchengeräte
Handrührgerät
Backblech und -papier
runde Ausstechform (oder Glas), 5 cm Ø

Backzeit: 12 Minuten
Ofentemperatur: 180 °C

Ergibt 10 – 12 Stück

Aprikosen-Marzipan-Türmchen

1 Die Eier trennen. In einer Schüssel Eigelb und Wasser schaumig schlagen. Marzipanrohmasse zerkleinern, mit dem Zucker zur Eigelbmasse geben. Weiter rühren. Eiweiß und Salz steif schlagen und auf die Eigelbmischung geben. Das Mehl darübersieben und mit den Haselnüssen und dem Eischnee unter die Eigelbmasse ziehen. Nicht rühren.

2 Zwei Backbleche mit Backpapier belegen, die Masse aufstreichen und im vorgeheizten Backofen bei 180 °C (Gas Stufe 2, Umluft 160 °C) etwa 12 Minuten backen. Herausnehmen, stürzen, das Backpapier entfernen, auf einem Kuchengitter auskühlen lassen. Aus dem Teig Kreise (ca. 5 cm Ø) ausschneiden, jeweils 4 Stück für ein Türmchen.

3 Die Aprikosenmarmelade erwärmen und mit dem Aprikosenlikör verrühren. Alle Teigkreise oben mit Marmelade bestreichen und jeweils 4 Stück aufeinandersetzen.

4 Die Marzipanrohmasse mit 100 g Puderzucker verkneten und auf dem restlichen Puderzucker ca. ½ bis 1 cm dick ausrollen (evtl. das Marzipan zwischen Klarsichtfolie ausrollen). Für jedes Türmchen eine Decke (5 cm Ø) ausstechen, auf das Türmchen legen und leicht andrücken. Das restliche Marzipan für die Dekoration beiseitelegen.

5 Für die Glasur das Kokosfett erwärmen bis es flüssig ist. Den Puderzucker in eine Schüssel sieben. 3 bis 4 EL heißes Wasser und das zerlassene Kokosfett einrühren, so dass eine zähflüssige Masse entsteht. Nach Belieben einen Teil der Glasur rosa, eine Teil gelblich färben und eine Teil weiß lassen. Die Türmchen rundum mit einem Pinsel mit der Glasur überziehen.

6 Das restliche Marzipan mit 1 Tropfen roter Lebensmittelfarbe einfärben und Marzipanrosen formen. Dafür einen kleinen Kegel formen. Für die Blütenblätter 5 kleine Kugeln von knapp 1 cm Durchmesser formen, flach drücken, versetzt um den Kegel legen und andrücken. Die Blattmaserung mit einem Messer eindrücken. Den Kegel unten waagerecht abschneiden (siehe auch Seite 103). Die Türmchen mit den Marzipanrosen dekorieren.

Teig
4 Eier, Größe L
2 EL warmes Wasser
200 g Zucker
1 Päckchen Bourbon-Vanillezucker
1 Prise Salz
125 g Mehl
100 g Speisestärke
1 TL Backpulver

Füllung
250 ml Sahne
150 g abgetropfter Sahnequark
1 EL fein geschnittene Minze
2 EL Zucker
500 g Beerenobst oder Obst nach Wahl

Dekor
Minzeblättchen
feinstreifig geschnittene Schale
1 Bio-Orange

Küchengeräte
Handrührgerät
Backblech und -papier

Backzeit: je Backgang 6 – 8 Minuten
Ofentemperatur: 180 °C

Ergibt 8 Stück

Spitztüten mit Minzequark

1 Die Eier trennen. In einer Schüssel Eigelb und Wasser schaumig schlagen. Nach und nach Zucker und Vanillezucker zufügen und rühren, bis die Masse cremig ist. Das Eiweiß mit dem Salz steif schlagen und auf die Eigelbmasse geben. Mehl, Speisestärke und Backpulver vermischen, auf den Eischnee sieben, alles unter die Eigelbmasse ziehen. Nicht rühren.

2 Aus Backpapier tellergroße Kreise schneiden und halbieren. Vier Kelchgläser bereitstellen. Je vier Papierhalbkreise auf ein Backblech legen und dünn und gleichmäßig mit dem Teig bestreichen. Sofort im vorgeheizten Backofen bei 180 °C (Gas Stufe 2, Umluft 160 °C) 6 bis 8 Minuten backen. Die Teighalbkreise sofort vom Papier lösen und in ein Glas gleiten lassen, so dass sich Tütchen formen. Etwas abkühlen lassen, herausziehen und auf ein Kuchengitter legen.

3 Für die Füllung die Sahne steif schlagen. Den Quark mit Minze und Zucker verrühren, dann die Sahne unterheben. Das Obst vorbereiten. Die Tütchen mit der Sahne-Quark-Masse füllen, mit Obst, Minze und Orangenschale verzieren und sofort servieren.

Tipp Die Biskuittüten lassen sich gut vorbereiten: In einer gut verschließbaren Dose halten sie sich 2 bis 3 Tage frisch. Man kann sie sogar einfrieren. Gefüllt werden sie immer erst kurz vor dem Servieren, da der Teig schnell durchweicht.

Orangen-Karamell-Törtchen

Teig
3 Eier, Größe L | 2 EL warmes Wasser
90 g Zucker
1 Päckchen Bourbon-Vanillezucker
1 Prise Salz | 60 g Mehl
60 g Speisestärke | 1/2 TL Backpulver
1 EL Kakaopulver

Creme
3 Blatt weiße Gelatine
3 Eigelb, Größe L | 100 g Zucker
1 Päckchen Bourbon-Vanillezucker
500 g Quark | 300 ml Sahne
1 Bio-Orange

Karamell
100 g Zucker | 75 ml Sahne
20 g Butter | 1 Messerspitze Zimt

Dekor
1 – 12 Bio-Orangen
1 Päckchen Klarer Tortenguss
250 ml Wasser
1 EL Zucker
evtl. Blüten, z. B. Wiesenschaumkraut oder Lavendel

Küchengeräte
Handrührgerät
Backblech und -papier
8 Backringe, Ø 8 – 110 cm

Backzeit: 14 Minuten
Ofentemperatur: 180 °C

Ergibt 8 Stück

1 Die Eier sauber trennen. Eigelb und Wasser cremig schlagen. Nach und nach Zucker und Vanillezucker unterrühren. Eiweiß mit dem Salz steif schlagen und auf die Eigelbmischung geben. Mehl, Speisestärke, Backpulver und Kakao vermischen, auf das Eiweiß sieben. Vorsichtig unter den Teig ziehen, nicht rühren.

2 Ein Backblech mit Backpapier belegen. Die Backringe darauf setzen, in jeden Ring 2 bis 3 Esslöffel Teig füllen und glatt streichen. Sofort im vorgeheizten Backofen bei 180 °C (Gas Stufe 2, Umluft 160 °C) etwa 14 Minuten backen. Die Ringe aus dem Ofen nehmen und auf einem Kuchengitter abkühlen lassen. Die Biskuitböden mit einem Messer vom Rand lösen, aber in den Ringen lassen.

3 Für die Creme die Gelatine in etwas kaltem Wasser einweichen. Die Orange heiß abwaschen, abtrocknen und die Schale abreiben. Die Orange halbieren, 100 ml Saft auspressen und erwärmen. Die Gelatine ausdrücken und im Saft auflösen. Den Quark abtropfen lassen, Orangensaft mit Gelatine und Orangenabrieb einrühren. In einer Schüssel Eigelb mit Zucker und Vanillezucker cremig schlagen und unter die Quarkmasse rühren. 1 Stunde kalt stellen. Die Sahne steif schlagen, unter die Quarkcreme heben und kalt stellen.

4 Für die Karamellschicht den Zucker in einer Pfanne goldbraun karamellisieren. Mit einem Holzlöffel die Butter unterrühren. Vorsichtig – Spritzgefahr! – die Sahne einrühren. Den Zimt zugeben und 2 Minuten rühren, bis der Karamell sich aufgelöst hat und eine dickflüssige Konsistenz entstanden ist. Auf jeden Biskuitboden etwas Karamell gießen, mit einem Teelöffel glatt streichen, abkühlen lassen, dann die Quarkcreme daraufgeben, glattstreichen und mindestens 4 Stunden kalt stellen.

5 Die Orangen heiß abwaschen, abtrocknen und Zesten für die Deko abreiben. Die weiße Haut rundherum abschneiden und die Orangen in Scheiben schneiden.

6 Die Törtchen vorsichtig mit einem Messer aus den Backringen lösen. Jedes Törtchen mit einer Orangenscheibe belegen. Den Tortenguss mit etwas Wasser und Zucker verrühren. Das restliche Wasser zum Kochen bringen, den angerührten Guss untermischen und kurz aufkochen lassen, vom Herd nehmen. Sobald der Guss zu gelieren beginnt, die Orangenscheiben auf den Törtchen damit überziehen. Abkühlen lassen und mit Orangenzesten und nach Belieben mit Blüten dekorieren.

Teig
4 Eier, Größe L | 2 EL warmes Wasser
125 g Zucker
1 Päckchen Bourbon-Vanillezucker
1 Prise Salz | 100 g Mehl
30 g Speisestärke | 1 TL Backpulver
1 EL Kakaopulver

Füllungen
1 Päckchen Nougat-Puddingpulver
(alternativ Schokolade-Puddingpulver)
2 EL Zucker | 500 ml Milch
1 EL Kokosfett | 250 g Butter
100 g Zartbitter-Kuvertüre
50 g Nougatmasse
100 g Johannisbeergelee
1 EL Johannisbeerlikör (Cassis)
2 EL Himbeerkonfitüre

Küchengeräte
Handrührgerät
Backblech und -papier
Ausstecher in Herzform, ca. 5 cm

Backzeit: 12 Minuten
Ofentemperatur: 180 °C

Ergibt ca. 8 Stück

Nougatherzen

1 Die Eier trennen. In einer Schüssel das Eigelb mit dem Wasser schaumig schlagen. Nach und nach den Zucker und Vanillezucker einrühren, weiter schlagen, bis die Masse cremig ist. Das Eiweiß mit dem Salz steif schlagen, auf die Eigelbmasse geben, Mehl, Speisestärke, Backpulver und Kakao aufsieben, alles unter die Eigelbmischung heben. Nicht rühren.

2 Ein Backblech mit Backpapier auslegen, den Teig darauf geben und glatt streichen. Im vorgeheizten Backofen bei 180 °C (Gas Stufe 2, Umluft 160 °C) etwa 12 Minuten backen. Herausnehmen, den Biskuit stürzen, das Backpapier entfernen, auf einem Kuchengitter auskühlen lassen. Mit einem Keksausstecher ca. 32 Herzen (4 pro Törtchen) ausstechen.

3 Das Puddingpulver mit dem Zucker in etwas kalter Milch glatt rühren. Die restliche Milch zum Kochen bringen, das angerührte Puddingpulver einrühren, aufkochen lassen, vom Herd nehmen, das Kokosfett einrühren und auf Zimmertemperatur abkühlen lassen. Hin und wieder umrühren, damit sich keine Haut bildet. Die Butter schaumig rühren, den abgekühlten Pudding esslöffelweise einrühren. Kalt stellen.

4 Die Kuvertüre zerkleinern und mit dem Nougat über einem heißen Wasserbad schmelzen. Das Johannisbeergelee mit dem Likör verrühren.

5 Ein Viertel der Herzen mit Gelee, ein Viertel mit Kuvertüre und ein Viertel mit der Puddingcreme bestreichen. Für ein Törtchen jeweils drei unterschiedlich bestrichene Herzen aufeinandersetzen. Die Himbeerkonfitüre erwärmen und durch ein Sieb streichen. Die restlichen Herzen damit bestreichen und mit der Konfitürenseite nach oben auf die Törtchen setzen.

Tipp Die Herzen lassen sich auch schön mit einer Schokoglasur überziehen und mit Nüssen verzieren.

Teig

4 Eier, Größe L | 2 EL warmes Wasser
80 g Zucker
1 Päckchen Bourbon-Vanillezucker
1 Prise Salz | 100 g Mehl
30 g Speisestärke | 1/2 TL Backpulver

Füllung

5 Blatt rote Gelatine
250 g Likörkirschen
200 g Sahnequark | 150 g Ricotta
2 EL Zitronensaft
250 ml Sahne | 1 Eiweiß

Dekor

Puderzucker

Küchengeräte

Handrührgerät
Backblech und -papier
Spritzbeutel mit Lochtülle

Backzeit: 12 Minuten
Kühlzeit: 1 Stunde
Ofentemperatur: 180 °C

Ergibt 10 – 12 Stück

Beschwipste Kirschtörtchen

1 Die Eier trennen. Das Eigelb mit dem Wasser schaumig schlagen. Zucker und Vanillezucker einrühren. Eiweiß und Salz zu steifem Schnee schlagen, auf die Eigelbmasse geben. Mehl, Speisestärke und Backpulver vermischen, auf den Eischnee sieben, alles unter die Eigelbmischung ziehen. Nicht rühren.

2 Kreise von ca. 8 cm Durchmesser auf die Rückseite eines Backpapiers zeichnen. Ein Backblech mit dem Backpapier auslegen. Jeweils 2 EL von der Teigmasse abstechen und zu einem glatten Boden verstreichen (oder mit Backringen arbeiten). Im vorgeheizten Backofen bei 180 °C (Gas Stufe 2, Umluft 160 °C) etwa 12 Minuten backen. Herausnehmen, das Backpapier etwas anfeuchten und von den Böden abziehen. Die Gebäckstücke auf einem Kuchengitter auskühlen lassen, danach einmal waagerecht durchschneiden.

3 Für die Füllung die Gelatine in etwas kaltem Wasser einweichen. Die Kirschen abtropfen lassen und evtl. hacken.

4 In einer Schüssel Quark, Ricotta und Zitronensaft glatt rühren. Die Gelatine ausdrücken und in einem kleinen Topf zusammen mit 1 EL Sahne bei milder Hitze auflösen und zur Quarkmasse geben. Die restliche Sahne steif schlagen und unterheben. Das Eiweiß steif schlagen und ebenfalls unterheben. 1 Stunde kalt stellen.

5 Die Masse in einen Spritzbeutel mit Sterntülle füllen. Die Hälfte der Teigböden mit den Kirschen belegen und mit der Sahne bespritzen, die andere Teighälfte darauf setzen und leicht andrücken. Mit Puderzucker besieben.

Eis

750 ml Sahne | 100 g Zucker
6 Mandelmakronen | 4 EL Maraschino
400 g Erdbeeren | 100 g Puderzucker
100 g Zartbitter-Schokolade
1 EL abgeriebene Orangenschale
1 EL Milch

Teig

4 Eier, Größe L | 2 EL warmes Wasser
125 g Zucker
1 Päckchen Bourbon-Vanillezucker
1 Prise Salz | 100 g Mehl
30 g Speisestärke | 1 TL Backpulver

Baiserhaube

3 Eiweiß, Größe L
1 TL Zitronensaft | 1 EL Zucker

Küchengeräte

Kastenform | Handrührgerät
Backblech und -papier
Küchentuch

Kühlzeit: mindestens 12 Stunden
Backzeit: 12 Minuten
Ofentemperatur: 180 °C

Ergibt 8–10 Stück

Eisrolle unter Baiserhaube

1 Für das Eis die Sahne steif schlagen, dabei den Zucker einrieseln lassen. Die Sahne in drei Teile teilen. Die Mandelmakronen zerkrümeln und mit Maraschino beträufeln. Die Erdbeeren pürieren, dabei den Puderzucker einrühren. Die Schokolade zerkleinern, über dem Wasserbad schmelzen, mit Orangenschale und Milch verrühren und auskühlen, aber nicht fest werden lassen. Ein Drittel der Sahne mit der Makronenmasse vermischen, in das zweite Drittel das Erdbeerpüree einrühren und unter das letzte Drittel die Schokoladenmasse mischen.

2 Die helle Creme in eine kalt ausgespülte Kastenform füllen und einige Minuten im Tiefkühlschrank anfrieren lassen. Dann die Erdbeercreme einfüllen und ebenfalls anfrieren lassen. Zuletzt die Schokoladencreme obenauf geben und glatt streichen. Im Tiefkühlschrank über Nacht gefrieren lassen.

3 Für den Teig die Eier trennen. Das Eigelb in eine Schüssel geben und mit dem Wasser cremig schlagen. Nach und nach Zucker und Vanillezucker unterrühren. Das Eiweiß mit Salz steif schlagen und auf die Eigelbmasse geben. Mehl, Speisestärke und Backpulver vermischen, auf den Eischnee sieben. Alles unter die Eigelbmasse heben. Nicht rühren.

4 Ein Backblech mit Backpapier auslegen, den Teig darauf geben, ganz glatt streichen. Sofort im vorgeheizten Backofen bei 180 °C (Gas Stufe 2, Umluft 160 °C) etwa 12 Minuten backen.

5 Ein Frotteehandtuch aufrollen und auf die kurze Seite der Teigplatte legen. Die Teigplatte mit der Frotteerolle darin aufrollen und auskühlen lassen.

6 Inzwischen für die Baiserhaube das Eiweiß steif schlagen, dabei nach und nach Zitronensaft und Zucker zugeben. Ein Backblech einfetten.

7 Die ausgekühlte Biskuitrolle vorsichtig auseinander wickeln. Das Eis aus dem Gefrierschrank nehmen, die Form kurz in heißes Wasser tauchen, das Eis auf den Biskuit gleiten lassen und darin einrollen.

8 Die Eisrolle so auf das Backblech geben, dass die Nahtstelle auf dem Blech liegt. Die Rolle ringsum dick mit dem Eischnee bestreichen. Im vorgeheizten Backofen bei 200 °C (Gas Stufe 3, Umluft 180 °C) etwa 3 Minuten überbacken. Herausnehmen und sofort servieren. Nach Belieben eine Fruchtsauce dazu reichen.

Teig

4 Eier, Größe L
2 EL warmes Wasser
60 g Zucker
1 Päckchen Bourbon-Vanillezucker
1 Prise Salz
130 g Mehl
60 g Speisestärke
1 TL Backpulver

Glasur und Dekor

250 g Puderzucker
2 – 3 EL Zitronensaft
Zitronenmelisse

Füllung

125 g Orangenmarmelade
500 g Pfirsiche (frisch oder eine 480 ml-Dose)
500 ml Sahne
1 Päckchen Bourbon-Vanillezucker

Küchengeräte

Handrührgerät
Spritzbeutel mit Tüllen
Backblech und -papier
evtl. 8 Papierförmchen, 7 cm Ø

Backzeit: 12 – 15 Minuten
Ofentemperatur: 180 °C

Ergibt 8 Stück

Sahnige Pfirsichhütchen

1 Die Eier trennen. Das Eigelb mit dem Wasser schaumig schlagen. Zucker und Vanillezucker unterrühren. Das Eiweiß mit Salz zu steifem Schnee schlagen und auf die Eigelbmasse geben. Mehl, Speisestärke und Backpulver vermischen, auf den Eischnee sieben, alles unter die Eigelbmasse ziehen. Nicht mehr rühren.

2 Den Teig in einen Spritzbeutel mit großer Lochtülle einfüllen. Ein Backblech mit Backpapier auslegen und den Teig kuppelförmig aufspritzen oder in Papierförmchen spritzen. Sofort im vorgeheizten Backofen bei 180 °C (Gas Stufe 2, Umluft 160 °C) etwa 12 bis 15 Minuten backen. Herausnehmen, auf einem Kuchengitter auskühlen lassen, die Kuchen waagerecht halbieren.

3 Die unteren Kuchenteile mit der leicht erwärmten Marmelade bestreichen. Die Pfirsiche entsteinen, die Früchte würfeln und auf die Marmelade legen. Die Sahne mit Vanillezucker und Zucker steif schlagen, in einen Spritzbeutel mit Sterntülle füllen und das Obst damit bespritzen. Dann die Hälften zusammensetzen.

4 Für die Glasur den Puderzucker mit Zitronensaft verrühren, die Hütchen mit einem Pinsel damit bestreichen und trocknen lassen. Mit Zitronenmelisse dekorieren.

Teig

4 Eier, Größe L
2 EL warmes Wasser
50 g weiche Butter
125 g Zucker
1 Päckchen Bourbon-Vanillezucker
100 g Mehl
30 g Speisestärke
1/2 TL Backpulver
1 Prise Salz
1 EL Zwiebackbrösel

Belag

40 g Pinienkerne
18 frische Feigen
300 g Mascarpone
65 g Zucker
2 EL Zitronensaft
250 ml Sahne
10 g Butter
50 ml Wasser
1 Messerspitze Zimt
evtl. Kirschlikör zum Beträufeln

Küchengeräte

Handrührgerät
runde oder eckige Backförmchen, ca. 8 x 8 cm oder 8 cm Ø
Spritzbeutel mit Sterntülle

Backzeit: 12 Minuten
Ofentemperatur: 180 °C

Ergibt 12 – 14 Stück

Feigentörtchen mit Mascarpone

1 Die Eier trennen, die Butter zerlassen. In einer Schüssel Eigelb und Wasser schaumig schlagen. Zucker und Vanillezucker zugeben und weiter schlagen. Die Butter einrühren. Mehl, Speisestärke und Backpulver vermischen und sieben. Das Eiweiß mit dem Salz steif schlagen und mit der Mehlmischung unterheben. Nicht rühren.

2 Die Förmchen einfetten und mit Zwiebackbröseln ausstreuen, den Teig einfüllen. Sofort im vorgeheizten Backofen bei 180 °C (Gas Stufe 2, Umluft 160 °C) etwa 12 Minuten backen. Herausnehmen, kurz stehen lassen, die Törtchen aus den Förmchen lösen, auf einem Kuchengitter auskühlen lassen.

3 Die Pinienkerne in einer Pfanne ohne Fett rösten. Die Feigen waschen, trocknen und in Spalten schneiden. Mascarpone, 15 g Zucker und Zitronensaft verrühren. Die Sahne steif schlagen und unterheben. Die Masse in einen Spritzbeutel mit Lochtülle füllen.

4 Für die Karamellsauce 50 g Zucker in einer Pfanne goldbraun karamellisieren. Mit einem Holzlöffel die Butter unterrühren. Vorsichtig – Spritzgefahr! - das Wasser einrühren. Den Zimt zugeben und weitere 2 Minuten rühren, bis sich der Karamell aufgelöst hat und eine glatte Sauce entstanden ist.

5 Die Törtchen mit der Mascarponemasse bespritzen und mit Feigen belegen. Karamellsauce und Kirschlikör darüber träufeln und mit Pinienkernen bestreuen.

Teig
3 Eier, Größe L | 2 EL warmes Wasser
100 g Zucker
1 Päckchen Bourbon-Vanillezucker
80 g Mehl | 30 g Speisestärke
1/2 TL Backpulver

Englische Creme
4 Eigelb | 100 g Zucker
1 Päckchen Bourbon-Vanillezucker
250 ml Milch | 250 ml Sahne

Kompott
500 g Rhabarber | 300 g Erdbeeren
40 g Zucker | 2 Messerspitzen Zimt
2 TL Zitronensaft
eventuell 3 EL Rum
2 EL Zucker

Dekor
50 g Mandelstifte | Minzeblättchen

Küchengeräte
Handrührgerät
Backblech und -papier

Backzeit: 12 Minuten
Ofentemperatur: 180 °C

Für 4 – 6 Portionen

Rhabarber-Erdbeer-Trifle

1 Die Eier sauber trennen. Eigelb und Wasser schaumig schlagen. Zucker und Vanillezucker zugeben, weiter schlagen, bis die Masse cremig ist. Das Eiweiß steif schlagen, auf die Eigelbmasse geben. Mehl, Speisestärke und Backpulver vermischen, auf den Eischnee sieben. Alles unter die Eigelbmasse ziehen. Nicht rühren.

2 Das Backblech mit Backpapier auslegen, den Teig dünn und gleichmäßig darauf streichen. Sofort im vorgeheizten Backofen bei 180 °C (Gas Stufe 2, Umluft 160 °C) etwa 12 Minuten backen.

3 Ein Geschirrtuch mit Zucker bestreuen. Den Biskuit nach dem Backen darauf stürzen. Das Backpapier mit Wasser befeuchten und vorsichtig abziehen. Abkühlen lassen. Danach in ca. 5 x 3 cm große Streifen schneiden.

4 Für die Creme Eigelb mit 40 g Zucker und Vanillezucker in einer Schüssel schaumig schlagen. Milch und Sahne in einem Topf aufkochen, mit dem Schneebesen in die Eigelbmasse einrühren. Zurück in den Topf füllen und unter Rühren erhitzen, nicht kochen. Weiterrühren, bis die Creme eine leicht sämige Konsistenz hat. Mit Klarsichtfolie abdecken und kalt stellen.

5 Den Rhabarber waschen und in 2 bis 3 cm lange Stücke schneiden. 200 ml Wasser mit Zucker und Zimt in einem Topf aufkochen, die Rhabarberstücke hineingeben. 4 bis 6 Minuten kochen, bis der Rhabarber weich ist, aber noch nicht zerfällt. Rhabarberstücke mit einer Schaumkelle herausnehmen und in eine Schale geben. Sud auf die Hälfte einkochen, Zitronensaft und nach Belieben Rum zugeben und den Sud über den Rhabarber gießen. Abkühlen lassen. Die Erdbeeren waschen, Stielansätze entfernen, kleine Erdbeeren halbieren, große vierteln. Mit Zucker bestreuen und zum Rhabarber geben.

6 Die Mandelstifte ohne Fett in einer Pfanne rösten. In Dessertgläser abwechselnd Biskuit, Früchte und Creme schichten. Mit Mandelstiften und Minzeblättchen dekorieren.

Tipp Die knusprigen Biskuitränder, die nach dem Backen einer Biskuitrolle übrig sind, können wunderbar für dieses Dessert verwendet werden.

Teig

50 g Butter
4 Eier, Größe L
4 EL warmes Wasser
125 g Zucker
1 Prise Salz
100 g Mehl
30 g Speisestärke
1/2 TL Backpulver

Belag

250 g Johannisbeergelee
evtl. 1 EL Obstgeist
600 g Heidelbeeren
(frisch oder Tk-Ware)

Küchengeräte

Handrührgerät
8 Backförmchen, 10 cm Ø

Backzeit: 12 Minuten
Ofentemperatur: 180 °C

Ergibt 8 Stück

Schnelle Heidelbeertörtchen

1 Die Butter zerlassen, die Eier trennen. Eigelb in eine Schüssel geben. 4 EL warmes Wasser zufügen, alles schaumig schlagen. Zucker unterrühren und weiter schlagen. Die ausgekühlte flüssige Butter einrühren. Eiweiß mit dem Salz steif schlagen. Mehl, Speisestärke und Backpulver vermischen. Den Eischnee auf die Eigelbmasse geben, die Mehlmischung darübersieben und zusammen mit dem Eischnee unterziehen.

2 Die Backförmchen einfetten und mit Mehl ausstreuen. Jeweils 2 bis 3 EL Teig in die Förmchen füllen und glatt streichen. Sofort im vorgeheizten Backofen bei 180 °C (Gas Stufe 2, Umluft 160 °C) etwa 12 Minuten backen. Kurz in den Förmchen lassen, dann zum Abkühlen auf ein Kuchengitter setzen.

3 Das Gelee leicht erwärmen, den Obstgeist (oder 1 EL Wasser oder Saft) einrühren. Die Torteletts dünn mit Gelee bestreichen, die Heidelbeeren darauf geben (Tk-Beeren gefroren auflegen), das restliche Gelee über den Beeren verteilen. Mit geschlagener Sahne servieren.

Tipp Diese schnellen Törtchen schmecken auch gut mit jeder anderen Frucht.

Teig

50 g Sauerkraut aus dem Fass
3 Eier, Größe L
3 EL warmes Wasser
250 g Zucker
4 EL Weinbrand
1 Prise Nelkenpulver
1 TL Zimt
100 g geriebene Zartbitter-Schokolade
300 g Mehl
1 TL Backpulver
125 g gehackte Mandeln
50 g fein geschnittenes Zitronat

Glasur und Dekoration

125 g Puderzucker
2 EL Zitronensaft
Zitronat

Küchengeräte

Handrührgerät
Backblech und -papier

Backzeit: 15 Minuten
Ofentemperatur: 200 °C

Ergibt 20 – 24 Stück

Mandelküchlein mit Sauerkraut

1 Das Sauerkraut in ca. 1 cm lange Stückchen schneiden. Die Eier trennen. In einer Schüssel Eigelb mit dem Wasser schaumig schlagen. Nach und nach den Zucker unterschlagen. Sauerkraut, Weinbrand, Nelkenpulver, Zimt und Schokolade zugeben. Das Eiweiß steif schlagen, auf die Eigelbmasse geben. Mehl und Backpulver vermischen, auf den Eischnee sieben und mit den Mandeln und dem Zitronat unter die Eigelbmischung heben.

2 Ein Backblech einfetten, den Teig darauf geben und gleichmäßig glatt streichen. Sofort im vorgeheizten Backofen bei 200 °C (Gas Stufe 3, Umluft 180 °C) etwa 15 Minuten backen. Herausnehmen, auf einem Kuchengitter auskühlen lassen.

3 Den abgekühlten Kuchen in Rechtecke schneiden. Den Puderzucker mit dem Zitronensaft verrühren und den Kuchen damit bestreichen. Nach Belieben mit fein geschnittenem Zitronat verzieren.

Anmerkung Diese mit Sauerkraut aufgepeppten Küchlein sind außergewöhnlich, aber wirklich lecker! Nehmen Sie gutes, herzhaftes Sauerkraut aus dem Fass. Es gibt den Küchlein ein feines säuerliches Aroma und einen knackigen Biss.

Teig

4 Eier, Größe L
2 EL warmes Wasser
80 g Zucker
1 Päckchen Bourbon-Vanillezucker
1 Prise Salz
100 g Mehl
30 g Speisestärke

Füllung

5 Blatt rote Gelatine
250 g Himbeeren
2 EL Zucker
3 EL Himbeergeist oder -saft
500 ml Sahne
500 g Erdbeeren

Dekor

250 ml Sahne
1 TL Zucker
1 Päckchen Bourbon-Vanillezucker
6 große oder 12 kleinere Erdbeeren
Puderzucker

Küchengeräte

Handrührgerät
Backblech und -papier
Spritzbeutel mit Sterntülle

Backzeit: 8 – 10 Minuten
Ofentemperatur: 180 °C

Ergibt 12 Stück

Erdbeertraum

1 Die Eier trennen. Das Eigelb mit dem Wasser schaumig schlagen. Zucker und Vanillezucker einrühren. Eiweiß und Salz zu steifem Schnee schlagen, auf die Eigelbmasse geben. Mehl und Speisestärke vermischen, auf den Eischnee sieben, alles unter die Eigelbmasse ziehen. Nicht rühren.

2 Kreise von 8 cm Durchmesser auf die Unterseite des Backpapiers zeichnen. Ein Backblech mit dem Backpapier auslegen. Jeweils 2 EL von der Teigmasse abstechen und zu einem glatten Boden verstreichen (oder mit Backringen arbeiten). Sofort im vorgeheizten Backofen bei 180 °C (Gas Stufe 2, Umluft 160 °C) etwa 8 bis 10 Minuten backen. Herausnehmen, auf einem Kuchengitter auskühlen lassen, das Backpapier etwas anfeuchten und von den Böden abziehen. Die ausgekühlten Böden waagerecht durchschneiden.

3 Für die Füllung die Gelatine in etwas kaltem Wasser einweichen. Die Himbeeren mit dem Zucker pürieren und durch ein Sieb streichen. Die Gelatine ausdrücken, im leicht erwärmtem Himbeergeist auflösen und unter das Püree rühren. Die Sahne steif schlagen und ebenfalls unterheben. Die Masse in einen Spritzbeutel mit Sterntülle füllen. Die Unterteile mit der Sahne bespritzen. Die Erdbeeren waschen, trocknen und auf der Sahne anordnen. Die restlichen Teigböden aufsetzen.

4 Für die Dekoration die Sahne mit Zucker und Vanillezucker steif schlagen, in einen Spritzbeutel mit Sterntülle füllen. Auf die Törtchen Sahnetuffs spritzen, mit Erdbeeren garnieren und mit Puderzucker bestäuben.

Fruchtige Rollen und Torten

Aprikosen-Kirsch-Joghurtrolle

Teig

4 Eier, Größe L
4 EL warmes Wasser | 125 g Zucker
1 Päckchen Bourbon-Vanillezucker
60 g Mehl | 60 g Speisestärke
35 g Kakaopulver | 1 TL Backpulver

Füllung

2 Blatt rote Gelatine
500 g Sauerkirschen (frisch, TK-Ware oder ein 680 ml-Glas)
125 ml Himbeersaft | 2 EL Zitronensaft
4 EL Amaretto (oder Saft)
2 Blatt weiße Gelatine | 300 g Joghurt
50 g Puderzucker | 250 ml Sahne
100 g Aprikosenkonfitüre
400 g Aprikosen (frisch oder eine 490 ml-Dosen)

Ummantelung

125 g Aprikosenkonfitüre
400 ml Sahne
1 Päckchen Sahnefestiger
1 Päckchen Bourbon-Vanillezucker
2 – 3 EL gehackte Pistazien

Küchengeräte

Handrührgerät
Backblech und -papier
Küchentuch

Backzeit: 12 Minuten
Ofentemperatur: 180 °C

Ergibt 8 – 10 Stück

1 Die Eier trennen. Eigelb mit dem Wasser cremig schlagen. Zucker und Vanillezucker unterrühren. Das Eiweiß steif schlagen, auf die Eigelbmasse geben. Mehl, Speisestärke, Kakao und Backpulver vermischen, auf den Eischnee sieben. Vorsichtig unterziehen, nicht rühren.

2 Ein Backblech mit Backpapier belegen. Die Masse glatt aufstreichen. Sofort im vorgeheizten Backofen bei 180 °C (Gas Stufe 2, Umluft 160 °C) etwa 12 Minuten backen. Ein Küchentuch mit Zucker bestreuen. Den Kuchen herausnehmen und sofort auf das Küchentuch stürzen. Das Backpapier anfeuchten und abziehen. Die knusprigen Ränder ringsum abschneiden. Die Teigplatte mit Hilfe des Tuches von der Längsseite her aufrollen und abkühlen lassen.

3 Für die Füllung die rote Gelatine in kaltem Wasser einweichen. Kirschen aus dem Glas abtropfen lassen, frische Kirschen entsteinen. Die Kirschen mit dem Himbeersaft (oder dem aufgefangenen Kirschsaft) in einen Topf geben. Zitronensaft zufügen, 2 Minuten köcheln, dann auskühlen lassen. 2 EL Likör (oder Saft) erwärmen, die Gelatine darin auflösen und unter die Kirschmischung rühren. Kalt stellen, bis sie zu gelieren beginnt.

4 Die weiße Gelatine in kaltem Wasser einweichen. Joghurt und Puderzucker verrühren. Die Gelatine ausdrücken. Restlichen Likör (oder Saft) erwärmen, die Gelatine darin auflösen, unter die Joghurtcreme rühren. Die Sahne steif schlagen und unterheben.

5 Die Aprikosenkonfitüre erhitzen, die frischen Aprikosen entsteinen, grob zerkleinern und zur Konfitüre geben, 1 Minute köcheln und danach auskühlen lassen. Dosenaprikosen abtropfen lassen. Die Teigplatte aufrollen und mit der Kirschmasse bestreichen. Die Joghurtcreme darüber geben, glatt streichen. Die Aprikosen auf der Creme verteilen und etwas eindrücken. Die Teigplatte mit Hilfe des Tuches aufrollen.

6 Die Aprikosenkonfitüre für die Ummantelung erwärmen, durch ein Sieb streichen, die Biskuitrolle damit überziehen. Die Sahne mit Sahnefestiger und Vanillezucker steif schlagen, die Biskuitrolle damit bestreichen. Mit einer Gabel wellenförmige Linien ziehen und Pistazien aufstreuen.

Teig

5 Eier, Größe L
2 EL warmes Wasser
200 g Zucker
1 Päckchen Bourbon-Vanillezucker
1 Prise Salz | 150 g Mehl
80 g Speisestärke | 1 TL Backpulver

Buttercreme

1 Päckchen Vanille-Puddingpulver
100 g Zucker
500 ml Milch
1 Päckchen Bourbon-Vanillezucker
250 g Butter, zimmerwarm
600 g Kumquats (Mini-Orangen)
2 EL Orangenlikör

Glasur

100 g dunkle Schokoladenglasur
100 g Zartbitter-Kuvertüre

Dekor

kandierter Ingwer (Fertigware)

Küchengeräte

Handrührgerät
Springform, 24 – 26 cm Ø
Backpapier

Backzeit: 25 Minuten
Ofentemperatur: 180 °C

Ergibt 8 – 12 Stück

Orangen-Schokoladen-Torte

1 Die Eier trennen. Das Eigelb mit dem Wasser schaumig schlagen. Nach und nach Zucker und Vanillezucker unterrühren. Das Eiweiß mit Salz steif schlagen und auf die Eigelbmasse geben. Mehl, Speisestärke und Backpulver vermischen, auf den Eischnee sieben, alles unter die Eigelbmasse ziehen. Nicht rühren.

2 Eine Springform mit Backpapier auslegen, den Teig einfüllen, glatt streichen und sofort im vorgeheizten Backofen bei 180 °C (Gas Stufe 2, Umluft 160 °C) etwa 25 Minuten backen. Herausnehmen, etwas abkühlen lassen, aus der Form nehmen und das Backpapier entfernen. Den Kuchen auf einem Kuchengitter auskühlen lassen. Den ausgekühlten Kuchen zweimal waagerecht durchschneiden.

3 Für die Creme das Puddingpulver mit 100 g Zucker in der Milch glatt rühren, unter Rühren zum Kochen bringen, vom Herd nehmen und auf Zimmertemperatur auskühlen lassen. Dabei mehrmals umrühren, damit sich keine Haut bildet. Die zimmerwarme Butter schaumig schlagen und den Pudding esslöffelweise unterrühren. Kalt stellen.

4 Die Kumquats gründlich waschen, abtrocknen und in Scheiben schneiden, die Kerne entfernen. Den restlichen Zucker mit 125 ml Wasser sprudelnd aufkochen, die Kumquatscheiben hinein geben und drei Minuten kochen, bis sie glasig sind. Auskühlen und danach abtropfen lassen. Ein Drittel der Kumquatscheiben beiseitelegen. Die restlichen Kumquats, grob pürieren, mit Orangenlikör beträufeln und unter die Puddingcreme rühren.

5 Zwei Kuchenböden mit der Creme bestreichen, übereinander setzen, den dritten Boden auflegen. Kalt stellen. Die Schokoladenglasur und die Kuvertüre zerkleinern und über einem heißen Wasserbad schmelzen. Den Kuchen damit überziehen und mit den beiseitegelegten Kumquatscheiben und Ingwerwürfeln verzieren.

Tipp Lassen Sie die Torte 1 oder 2 Tage stehen, dann wird ihr Aroma intensiver.

Teig

4 Eier, Größe L
3 EL warmes Wasser | 100 g Zucker
1 Päckchen Bourbon-Vanillezucker
1 Prise Salz | 125 g Mehl
50 g Speisestärke | 2 TL Backpulver
30 g gemahlene Mandeln
125 ml starker schwarzer Kaffee
3 EL Weinbrand

Fruchtfüllung

1 EL Zucker | 150 ml Johannisbeernektar
300 g blaue Weintrauben
1 EL Weinbrand

Creme

80 g dunkle Kuvertüre
150 g weiche Butter | 50 g Puderzucker
1/2 TL Instant-Kaffeepulver
3 EL Mandellikör
100 g Zucker | 3 Eiweiß

Dekor

8 – 12 dunkle Weintrauben
50 ml Holunderblütensirup
100 g Feinstzucker
1 EL Puderzucker

Küchengeräte

Springform 24 – 26 cm Ø

Backzeit: 25 Minuten
Ofentemperatur: 180 °C

Ergibt 8 – 12 Stück

Traubentorte

1 Die Eier trennen. Eigelb mit dem Wasser schaumig schlagen. Nach und nach Zucker und Vanillezucker zugeben. Weiter schlagen, bis die Masse cremig ist. Eiweiß mit Salz steif schlagen und auf die Eigelbmasse geben. Das Mehl mit der Speisestärke und dem Backpulver vermischen und auf den Eischnee sieben. Alles mit den Mandeln unter die Eigelbmasse ziehen. Nicht rühren.

2 Eine Springform mit Backpapier belegen, den Teig einfüllen und glatt streichen. Sofort im vorgeheizten Backofen bei 180 °C (Gas Stufe 2, Umluft 160 °C) etwa 25 Minuten backen. Herausnehmen, etwas abkühlen lassen, aus der Form nehmen, das Backpapier entfernen und den Boden zum Auskühlen auf ein Kuchengitter setzen. Den ausgekühlten Boden zweimal waagerecht durchschneiden. Kaffee und Weinbrand vermischen und beiseitestellen.

3 Für die Fruchtfüllung den Zucker karamellisieren: Den Zucker in einem Topf unter Rühren goldbraun schmelzen. Sobald die Masse zu schäumen beginnt (der Vorgang dauert nur einige Sekunden) den Johannisbeernektar zugießen und verrühren, bis sich der Karamell aufgelöst hat. Dann auf die Hälfte einkochen, Die Trauben, halbieren, entkernen und in den Saft legen, 1 Minute durchschwenken und den Weinbrand zugeben. Die Trauben herausnehmen und abtropfen lassen.

4 Für die Creme die Kuvertüre zerkleinern. Butter und Puderzucker schaumig rühren, die Kuvertüre unterrühren, Instant-Kaffeepulver und Mandellikör vermischen, dann ebenfalls einrühren. 125 ml Wasser mit dem Zucker 5 Minuten einkochen, die Masse soll dickflüssig sein. Das Eiweiß steif schlagen, den heißen Zuckersirup in dünnem Strahl in das Eiweiß fließen lassen, dabei weiter schlagen, bis die Masse ausgekühlt ist. Unter die Buttercreme heben. 6 EL der Creme beiseitestellen.

5 Den untersten Tortenboden mit der Hälfte der Kaffee-Weinbrand-Mischung beträufeln, die

Hälfte der Buttercreme aufstreichen, die Trauben darauf geben. Den zweiten Boden mit der restlichen Kaffeemischung beträufeln, auf die Trauben setzen und mit der zweiten Hälfte der Buttercreme bestreichen. Den dritten Boden aufsetzen und die Torte kalt stellen.

6 Jede Weintraube für die Dekoration einzeln in Holunderblütensirup eintauchen. Danach ringsum mit feinem Zucker (keinen Puderzucker verwenden) bestreuen und trocknen lassen. Die Torte mit Sahnetuffs, den Zuckertrauben und Puderzucker dekorieren.

Teig

4 Eier, Größe L
4 EL warmes Wasser
150 g Zucker
1 Päckchen Bourbon-Vanillezucker
100 g Mehl | 100 g Speisestärke
50 g Kakaopulver
2 TL Backpulver
1 Prise Salz

Füllung

1 große Dose Ananasscheiben (570 g)
750 ml Sahne
2 Päckchen Sahnefestiger
2 Päckchen Bourbon-Vanillezucker
1 EL Zucker
100 ml Orangensaft

Küchengeräte

Handrührgerät
Springform, 24 – 26 cm Ø
Backpapier

Backzeit: 25 Minuten
Ofentemperatur: 180 °C

Ergibt 8 – 12 Stück

Ananastorte

1 Die Eier trennen. Eigelb mit dem Wasser schaumig schlagen. Zucker und Vanillezucker zufügen. Weiter schlagen, bis die Masse cremig ist. Mehl, Speisestärke, Kakao und Backpulver mischen. Das Eiweiß mit dem Salz steif schlagen, auf die Eigelbmasse geben, die Mehlmischung daraufsieben, alles unter die Eigelbmasse heben. Nicht rühren.

2 Eine Springform mit Backpapier auslegen, den Teig einfüllen, glatt streichen und sofort im vorgeheizten Backofen bei 180 °C (Gas Stufe 2, Umluft 160 °C) etwa 25 Minuten backen. Herausnehmen, etwas abkühlen lassen, aus der Form nehmen und das Backpapier entfernen. Den Kuchen zum Auskühlen auf ein Kuchengitter setzen. Den ausgekühlten Biskuitboden zweimal waagerecht durchschneiden.

3 Die Ananasscheiben abtropfen lassen. 7 Scheiben in kleine Stücke schneiden, die restlichen Scheiben beiseitestellen.

4 Die Sahne steif schlagen, dabei Sahnefestiger, Vanillezucker und Zucker zufügen. 3 Ananasscheiben beiseitelegen. Die restliche Ananas in Stücke schneiden. Die Hälfte der Stücke mit 100 ml Orangensaft pürieren und unter die geschlagene Sahne rühren.

5 Zwei der Tortenböden mit je 1/3 der Ananassahne bestreichen und mit den restlichen Ananasstücken belegen. Den dritten Tortenboden darauf setzen und mit dem letzten Drittel der Ananassahne bestreichen. Die drei Ananasscheiben darauf anordnen und leicht eindrücken.

Teig

4 Eier, Größe L
3 EL lauwarmes Wasser
125 g Zucker
1 Päckchen Bourbon-Vanillezucker
100 g Mehl
30 g Speisestärke
1/2 TL Backpulver

Füllung

375 ml Schlagsahne
1 Prise Salz
1 Päckchen Bourbon-Vanillezucker
1 EL Zucker
1 1/2 Päckchen (12 g) Sahnefestiger
300 g Himbeeren (frisch oder Tk-Ware)

Dekor

Puderzucker
Himbeeren

Küchengeräte

Handrührgerät
Backblech und -papier
Küchentuch

Backzeit: 10 – 12 Minuten
Ofentemperatur: 180 °C

Ergibt 10 – 12 Stück

Himbeer-Sahne-Rolle

1 Die Eier trennen. Eigelb und Wasser schaumig schlagen. Zucker und Vanillezucker zugeben, weiter schlagen, bis die Masse cremig ist. Das Eiweiß steif schlagen, auf die Eigelbmasse geben. Mehl, Speisestärke und Backpulver vermischen, auf den Eischnee sieben. Alles unter die Eigelbmasse ziehen. Nicht rühren.

2 Ein Backblech mit Backpapier auslegen, den Teig dünn und gleichmäßig darauf streichen. Sofort im vorgeheizten Backofen bei 180 °C (Gas Stufe 2, Umluft 160 °C) etwa 10 bis 12 Minuten backen.

3 Ein Geschirrtuch mit Zucker bestreuen. Den Biskuit nach dem Backen darauf stürzen. Das Backpapier mit kaltem Wasser bestreichen und abziehen. Ringsum von der Kuchenplatte den knusprigen Rand abschneiden, dann die Kuchenplatte sofort mit Hilfe des Geschirrtuchs aufrollen. Wenn die Rolle ausgekühlt ist, vorsichtig aufwickeln.

4 Für die Füllung die Sahne mit Salz, Vanillezucker, Zucker und Sahnefestiger steif schlagen. Die Sahne auf die Kuchenplatte streichen, dabei einen 5 cm breiten Rand lassen. Die Himbeeren auf der Sahne anordnen und die Teigplatte zur Rolle formen. Mit Puderzucker bestäuben und mit Himbeeren dekorieren. Bis zum Servieren kalt stellen.

Tipp Wenn keine Kinder mitessen, kann man die Himbeeren mit 1 bis 2 EL Himbeergeist beträufeln.

Teig

3 Eier, Größe L | 80 g Zucker
1/2 TL abgeriebene Zitronenschale
3 EL warmes Wasser | 1 Prise Salz
80 g Mehl | 50 g Speisestärke
1/2 TL Backpulver
50 g gemahlene Mandeln

Füllung

4 Blatt weiße Gelatine
500 ml Sahne | 2 EL Puderzucker
1 Päckchen Bourbon-Vanillezucker
2 EL Zitronensaft
4 EL Himbeergeist oder Saft
300 g Erdbeeren
2 EL Wasser oder Weißwein

Dekor

100 g Mandelblättchen
200 g Marzipanrohmasse
150 g Puderzucker
200 ml Sahne
1 Päckchen Sahnefestiger

Küchengeräte

Handrührgerät
Springform, 24 – 26 cm Ø
Backpapier

Backzeit: 15 Minuten
Ofentemperatur: 200 °C

Ergibt 12 Stück

Marzipan-Erdbeer-Torte

1 Die Eier trennen. Eigelb, Zucker und Zitronenschale mit dem Wasser schaumig schlagen. Das Eiweiß mit dem Salz zu steifem Schnee schlagen, auf die Eigelbmasse geben, Mehl, Speisestärke und Backpulver vermischen, darübersieben, die Mandeln zufügen, alles untermischen.

2 Eine Springform einfetten, mit Mehl bestäuben. Den Teig einfüllen und glatt streichen. Sofort im vorgeheizten Backofen bei 200 °C (Gas Stufe 3, Umluft 180 °C) etwa 15 Minuten backen. Herausnehmen, etwas abkühlen lassen, aus der Form nehmen und zum Auskühlen auf ein Kuchengitter setzen. Den Boden waagerecht halbieren.

3 Für die Füllung die Gelatine in kaltem Wasser einweichen. Die Sahne mit Puderzucker und Vanillezucker steif schlagen, Zitronensaft und Himbeergeist zufügen. Die Erdbeeren waschen, putzen, trocknen und halbieren (oder vierteln) und unter die Sahne mischen. Das Wasser erwärmen, die ausgedrückte Gelatine darin auflösen und unter die Erdbeersahne rühren.

4 Einen Tortenboden mit der Sahne bestreichen, den anderen Tortenboden auflegen. Kalt stellen. Die Mandelblättchen in einer Pfanne ohne Fett goldgelb rösten. Die Marzipanmasse mit 100 g Puderzucker verkneten und zwischen Klarsichtfolie in Tortengröße ausrollen. Die Marzipanplatte auf die Torte legen und mit etwas Puderzucker bestäuben. Die Sahne mit dem Sahnefestiger und dem restlichen Puderzucker steif schlagen, den Tortenrand damit bestreichen und mit den Mandelblättchen bestreuen.

Teig

4 Eier, Größe L
4 EL warmes Wasser
100 g Zucker
1 Prise Salz
80 g Mehl
30 g Speisestärke
30 g Kakaopulver
1 TL Backpulver

Belag

6 Blatt rote Gelatine
750 g Erdbeeren
125 g Zucker
250 ml Sahne

Dekor

500 g Erdbeeren
Puderzucker
50 g Schokoröllchen (Fertigware)

Küchengeräte

Handrührgerät
Springform, 24 – 26 cm Ø
Backpapier
Spritzbeutel mit Sterntülle

Backzeit: 25 Minuten
Ofentemperatur: 180 °C

Ergibt 12 Stück

Erdbeersahnetorte

1 Die Eier trennen. Das Eigelb mit Wasser und Zucker schaumig schlagen. Das Eiweiß mit Salz zu steifem Schnee schlagen und auf die Eigelbmasse geben. Mehl, Speisestärke, Kakao und Backpulver vermischen, auf den Eischnee sieben, alles unter die Eigelbmasse heben. Nicht rühren.

2 Den Boden einer Springform mit Backpapier auslegen, den Teig einfüllen, glatt streichen und sofort im vorgeheizten Backofen bei 180 °C (Gas Stufe 2, Umluft 160 °C) etwa 25 Minuten backen. Herausnehmen, etwas abkühlen lassen. Aus der Form nehmen, das Backpapier entfernen und den Biskuit auf einem Kuchengitter auskühlen lassen.

3 Für den Belag die Gelatine in etwas kaltem Wasser einweichen, dann tropfnass in einem kleinen Topf auflösen. Die Erdbeeren waschen, putzen und abtrocknen. Die Hälfte der Erdbeeren in Scheiben schneiden und beiseitestellen. Die restlichen Erdbeeren mit dem Zucker pürieren, die aufgelöste Gelatine einrühren und kalt stellen. Sobald das Erdbeerpüree zu gelieren beginnt, die Sahne steif schlagen und unterheben.

4 Den Tortenboden zweimal waagerecht durchschneiden. Auf den untersten Boden ein Drittel des Pürees streichen und mit den Erdbeerscheiben belegen. Den zweiten Boden aufsetzen, mit einem weiteren Drittel Püree bestreichen, den dritten Boden aufsetzen und mit dem restlichen Püree bestreichen. Die Torte kalt stellen.

5 Für die Dekoration die Erdbeeren waschen, putzen, trocknen und eventuell halbieren. Die Erdbeeren auf der Torte anordnen und mit Puderzucker bestäuben. Die Schokoröllchen klein schneiden und den Rand der Torte damit garnieren.

Tortenboden

150 g Mehl | 1 TL Backpulver
70 g Zucker | 1 Prise Salz
2 Eigelb, Größe L | 100 g kalte Butter

Biskuitboden

5 Eier, Größe L
2 EL warmes Wasser | 150 g Zucker
1 Päckchen Bourbon-Vanillezucker
1 Prise Salz | 80 g Mehl
50 g Speisestärke
1 TL Backpulver
30 g Kakaopulver
50 g geriebene Mandeln

Füllung

3 Blatt weiße Gelatine
125 ml Kirschwasser
750 ml Sahne
2 Päckchen Bourbon-Vanillezucker
1 EL Zucker
1 kg Sauerkirschen (frisch oder zwei 680 ml-Gläser)
125 g Kirschkonfitüre

Dekor

12 entsteinte Kirschen, in Kirschwasser eingelegt
100 g Schokoröllchen (Fertigware)

Küchengeräte

Handrührgerät
Springform, 24 – 26 cm Ø
Backpapier
Spritzbeutel mit Sterntülle

Backzeit: 15 Minuten und 25 Minuten
Ofentemperatur: 200 °C und 180 °C

Ergibt 12 Stück

Schwarzwälder Kirschtorte

1 Für den Tortenboden Mehl und Backpulver vermischen, in eine Schüssel sieben und in die Mitte eine Vertiefung drücken. Zucker, Salz und Eigelb in die Vertiefung geben und mit einem Teil des Mehls zu einem dicklichen Brei verarbeiten. Die Butter in Stücken darauf geben und alle Zutaten verkneten. 30 Minuten kalt stellen. Auf der bemehlten Arbeitsfläche ausrollen. Eine Springform einfetten, den Teig hinein geben und bei 200 °C (Gas Stufe 3, Umluft 180 °C) etwa 15 Minuten backen. Aus der Form nehmen, das Backpapier lösen und auf dem Kuchengitter abkühlen lassen.

2 Für den Biskuitboden die Eier trennen. Das Eigelb mit Wasser schaumig schlagen. Nach und nach Zucker und Vanillezucker unterschlagen. Das Eiweiß mit Salz steif schlagen und auf die Eigelbmischung geben. Mehl, Speisestärke, Backpulver und Kakao vermischen, auf den Eischnee sieben und mit den geriebenen Mandeln unterheben. Nicht rühren.

3 Eine Springform mit Backpapier auslegen, den Teig einfüllen und glatt streichen. Sofort im vorgeheizten Backofen bei 180 °C (Gas Stufe 2, Umluft 160 °C) etwa 25 Minuten backen. Herausnehmen, etwas abkühlen lassen. Aus der Form nehmen, das Backpapier entfernen, den Biskuitboden zum Auskühlen auf ein Kuchengitter setzen. Danach den Boden zweimal waagerecht durchschneiden.

4 Für die Füllung die Gelatine in etwas Wasser einweichen, danach ausdrücken und in 3 EL leicht erwärmtem Kirschwasser auflösen. Die Sahne steif schlagen, dabei Vanillezucker und Zucker einrieseln lassen und die Gelatine unterrühren. Kalt stellen.

5 Die Kirschen für die Füllung entsteinen, Kirschen aus dem Glas abtropfen lassen. Den Tortenboden mit der Kirschkonfitüre bestreichen. Zwei Biskuitböden mit dem restlichen Kirschwasser beträufeln. Einen der Biskuitböden auf den Tortenboden set-

zen. Die Hälfte der Kirschen und ein Drittel der Sahne darauf geben, den zweiten Biskuitboden darauf setzen und mit den restlichen Sauerkirschen belegen. Ein weiteres Drittel Sahne auf den Kirschen verteilen. Den letzten Biskuitboden auflegen und ganz leicht in die Sahne drücken.

6 Die Torte rundum mit etwas Sahne bestreichen. Die restliche Sahne in einen Spritzbeutel mit Sterntülle füllen und 12 Rosetten auf die Torte spritzen. Auf jede Sahnerosette eine Kirsche setzen. Die Tortenmitte mit den Schokoröllchen verzieren.

Teig

150 g Kokosraspel | 4 Eier, Größe L
60 g Butter
2 EL warmes Wasser
125 g Zucker
2 EL Rum oder Kokosmilch
1 Prise Salz
100 g Mehl | 50 g Speisestärke
1/2 TL Backpulver

Belag

2 Blatt weiße Gelatine
2 EL Rum oder Kokosmilch
1 Päckchen Vanille-Puddingpulver
70 g Zucker | 250 ml Milch
250 ml Sahne | 1 Prise Salz
2 EL Frischkäse | 2 Mangos

Dekor

125 ml Sahne
1 Päckchen Bourbon-Vanillezucker
Minzeblättchen

Küchengeräte

Handrührgerät
Springform, 24 – 26 cm Ø
Backpapier
Spritzbeutel mit Sterntülle

Backzeit: 20 Minuten
Ofentemperatur: 180 °C

Ergibt 8 – 12 Stück

Mango-Kokos-Torte

1 Kokosraspel in eine Pfanne geben und unter Schütteln goldbraun rösten. Auskühlen lassen.

2 Die Eier trennen. Die Butter zerlassen. Eigelb in eine Schüssel geben und mit dem Wasser schaumig schlagen. Nach und nach Zucker und Rum zufügen und weiter schlagen, bis die Masse cremig ist. Die abgekühlte Butter unterrühren. Das Eiweiß mit Salz zu steifem Schnee schlagen und auf die Eigelbmischung geben. Mehl, Speisestärke und Backpulver vermischen, auf den Eischnee sieben, zwei Drittel der Kokosraspel darüber geben. Alles unter die Eigelbmasse heben, nicht rühren.

3 Eine Springform fetten, die Masse einfüllen, glatt streichen und sofort im vorgeheizten Backofen bei 180 °C (Gas Stufe 2, Umluft 180 °C) etwa 20 Minuten backen. Herausnehmen, etwas abkühlen lassen, aus der Form nehmen und das Backpapier entfernen. Den Biskuitboden zum Auskühlen auf ein Kuchengitter setzen.

4 Für den Belag die Gelatine in etwas kaltem Wasser einweichen. Danach ausdrücken und in erwärmtem Rum auflösen. Puddingpulver und Zucker in etwas kalter Milch glatt rühren. Die restliche Milch mit der Sahne und einer Prise Salz zum Kochen bringen, das angerührte Puddingpulver einrühren, aufkochen lassen und vom Herd nehmen. Einige Minuten abkühlen lassen, dann den Frischkäse und die aufgelöste Gelatine einrühren. Kalt stellen.

5 Die Mangos waschen, mit dem Sparschäler schälen und das Fruchtfleisch in Scheiben vom Stein schneiden. Den Tortenboden mit der Puddingcreme bestreichen, die Mangoscheiben darauf verteilen. Die Sahne mit dem Vanillezucker steif schlagen, in einen Spritzbeutel füllen und die Torte mit Sahnetupfern, den restlichen Kokosraspeln und den Minzeblättchen dekorieren.

Teig
2 Eier, Größe L | 2 EL warmes Wasser
100 g Zucker
1 Päckchen Bourbon-Vanillezucker
1 Prise Salz | 80 g Mehl
50 g Speisestärke | 1 TL Backpulver

Füllung
2 Blatt weiße Gelatine | 600 g Äpfel
100 ml Apfelsaft | 1 EL Zitronensaft
1/2 TL Zimt | 200 g gehackte Mandeln

Dekor
8 – 12 Babyäpfel (Dose)
150 g Zucker | 150 ml Wasser

Sahnecreme
2 Blatt weiße Gelatine
2 EL Weinbrand | 1 Ei, Größe L
2 EL Zucker
1 Päckchen Bourbon-Vanillezucker
500 ml Sahne

Küchengeräte
Handrührgerät
Springform, 24 – 26 cm Ø | Backpapier

Backzeit: 20 Minuten
Ofentemperatur: 180 °C

Ergibt 8 – 12 Stück

Apfel-Sahne-Torte

1 Die Eier trennen. Das Eigelb in eine Schüssel geben und mit dem Wasser schaumig schlagen. Nach und nach den Zucker und den Vanillezucker zugeben, weiter schlagen, bis die Masse cremig ist. Eiweiß mit dem Salz steif schlagen, auf die Eigelbmasse geben. Mehl, Speisestärke und Backpulver vermischen, auf den Eischnee sieben, alles unter die Eigelbmasse heben. Nicht rühren.

2 Eine Springform mit Backpapier auslegen, den Teig einfüllen und glatt streichen. Sofort im vorgeheizten Backofen bei 180 °C (Gas Stufe 2, Umluft 160 °C) etwa 20 Minuten backen. Herausnehmen, etwas abkühlen lassen. Aus der Form nehmen, das Backpapier entfernen, den Biskuitboden auf einem Kuchengitter auskühlen lassen, dann einmal waagerecht durchschneiden.

3 Die Babyäpfel abtropfen lassen und auf einen Teller setzen. Den Zucker in einer Pfanne goldbraun karamellisieren, das Wasser vorsichtig – Spritzgefahr! – einrühren. Den Karamell über die Babyäpfel gießen.

4 Für die Füllung die Gelatine in etwas kaltem Wasser einweichen. Die Äpfel schälen, in Spalten schneiden, das Kernhaus entfernen. Die Apfelspalten mit Apfel- und Zitronensaft und dem Zimt in einen Topf geben, erhitzen und 4 Minuten köcheln lassen. Die Apfelspalten in einem Sieb abtropfen lassen, den Saft auffangen und die ausgedrückte Gelatine darin auflösen, die Apfelspalten wieder hinein geben.

5 Für die Sahnecreme die Gelatine in etwas kaltem Wasser einweichen, ausdrücken, in erwärmtem Weinbrand auflösen. Das Ei mit Zucker und Vanillezucker schaumig schlagen, die aufgelöste Gelatine einrühren. Die Sahne steif schlagen und unter die Eimasse heben.

6 Die Mandeln ohne Fett in der Pfanne rösten. Den unteren Tortenboden mit Apfelspalten belegen und mit der Hälfte der gerösteten Mandeln bestreuen. Die Hälfte der Sahne darüber streichen und den oberen Tortenboden auflegen. Von der zweiten Hälfte der Sahne etwas für die Sahnetupfer beiseite stellen. Die Torte ringsum mit Sahne bestreichen und den Rand mit den restlichen Mandeln verzieren. Sahnetupfer auf die Torte spritzen und die Babyäpfel daraufsetzen.

Tortenboden

350 g Marzipanrohmasse | 100 g Zucker
2 Eier, Größe L
2 EL Rum | 60 g Mehl

Biskuitteig

3 Eier, Größe L
2 EL warmes Wasser | 125 g Zucker
1 Päckchen Bourbon-Vanillezucker
1 Prise Salz | 100 g Mehl
80 g Speisestärke | 1 TL Backpulver

Füllung

125 g Zartbitter-Kuvertüre
150 g Aprikosenkonfitüre
2 Blatt weiße Gelatine
2 EL Weinbrand
6 Pfirsiche
(frisch oder 1 480 ml-Dose)
600 ml Sahne | 1 EL Zucker
2 Päckchen Bourbon-Vanillezucker
125 g Mandelblättchen

Küchengeräte

Handrührgerät
Springform, 24 – 26 cm Ø
Backpapier

Backzeit: 15 Minuten und 25 Minuten
Ofentemperatur: 200 °C und 180 °C

Ergibt 12 – 16 Stück

Pfirsichtorte mit Marzipan

1 Für den Tortenboden die Marzipanrohmasse in eine Schüssel geben und mit dem Zucker verkneten. Nach und nach Eier, Rum und das gesiebte Mehl unterkneten. Eine Springform mit Backpapier auslegen. Den Teig darauf geben, glatt streichen und im vorgeheizten Backofen bei 200 °C (Gas Stufe 3, Umluft 180 °C) etwa 15 Minuten backen.

2 Für den Biskuitteig die Eier trennen. Eigelb in eine Schüssel geben und mit dem Wasser schaumig schlagen. Nach und nach Zucker und Vanillezucker zugeben. Das Eiweiß mit dem Salz steif schlagen, auf die Eigelbmasse geben. Mehl, Speisestärke und Backpulver vermischen, auf den Eischnee sieben, alles unter die Eigelbmasse ziehen. Nicht rühren.

3 Eine Springform mit Backpapier auslegen, den Teig einfüllen, glatt streichen und sofort im vorgeheizten Backofen bei 180 °C (Gas Stufe 2, Umluft 160 °C) etwa 25 Minuten backen. Herausnehmen, etwas abkühlen lassen, aus der Form nehmen, das Backpapier entfernen und den Tortenboden auf einem Kuchengitter auskühlen lassen. Danach zweimal waagerecht durchschneiden.

4 Für die Füllung die Kuvertüre zerkleinern und über einem heißen Wasserbad schmelzen. Den Tortenboden damit bestreichen und kalt stellen. Sobald die Schokolade fest geworden ist, die Aprikosenkonfitüre darüber streichen.

5 Die Gelatine in etwas kaltem Wasser einweichen, danach ausdrücken und in lauwarmem Weinbrand (oder Wasser) auflösen. Die Pfirsiche mit kochendem Wasser übergießen, kalt abschrecken und die Haut abziehen, entsteinen und würfeln, Pfirsiche aus der Dose abtropfen lassen und würfeln.

6 400 ml von der Sahne mit dem Zucker und 1 Päckchen Vanillezucker steif schlagen, die aufgelöste Gelatine und die Pfirsiche unterrühren. Zwei Biskuitböden damit bestreichen, auf den Tortenboden setzen und den restlichen Biskuitboden obenauf geben.

7 Die restliche Sahne mit dem restlichen Vanillezucker steif schlagen. Den Tortenrand damit bestreichen und die Torte verzieren.Die Mandelblättchen in einer Pfanne ohne Fett rösten, abkühlen lassen und den Tortenrand damit bestreuen.

Teig

4 Eier, Größe L
4 EL warmes Wasser | 125 g Zucker
1 Päckchen Bourbon-Vanillezucker
1 Prise Salz
60 g Mehl | 60 g Speisestärke
30 g Kakaopulver | 1 TL Backpulver

Füllung

6 Blatt weiße Gelatine
500 g Birnen aus der Dose
125 ml Birnensaft | 2 EL Zitronensaft
400 g Joghurt | 50 g Puderzucker
250 ml Sahne

Dekor

Puderzucker

Küchengeräte

Handrührgerät
Backblech und -papier

Backzeit: 12 Minuten
Ofentemperatur: 180 °C

Ergibt 8 – 10 Stück

Birnenrolle mit Joghurtcreme

1 Die Eier trennen. Eigelb und Wasser cremig schlagen. Nach und nach Zucker und Vanillezucker unterrühren. Eiweiß mit dem Salz steif schlagen, auf die Eigelbmasse geben. Mehl, Speisestärke, Kakao und Backpulver vermischen, auf den Eischnee sieben. Vorsichtig unterziehen. Nicht rühren.

2 Ein Backblech mit Backpapier belegen. Die Masse gleichmäßig glatt aufstreichen. Sofort im vorgeheizten Backofen bei 180 °C (Gas Stufe 3, Umluft 160 °C) etwa 12 Minuten backen.

3 Ein Küchentuch mit Zucker bestreuen. Den Kuchen herausnehmen und sofort auf das Küchentuch stürzen. Das Backpapier anfeuchten und abziehen. Ringsum die knusprigen Teigränder abschneiden. Die Teigplatte mit Hilfe des Tuchs von der Längsseite her aufrollen. Abkühlen lassen.

4 Für die Füllung 2 Blatt Gelatine in kaltem Wasser einweichen. Die Birnen in kleine Würfel schneiden. Die Fruchtwürfel in einen Topf geben. Birnen- und Zitronensaft zufügen, 1 Minute köcheln lassen. Die Gelatine ausdrücken. 2 EL Wasser oder Birnensaft leicht erwärmen, die Gelatine darin auflösen und unter die abgekühlte Fruchtmischung rühren. Kalt stellen, bis die Masse zu gelieren beginnt.

5 Die restliche Gelatine in kaltem Wasser einweichen. Joghurt, Puderzucker und Fruchtmasse verrühren. Die Gelatine ausdrücken. 2 EL Wasser oder Birnensaft erwärmen, die Gelatine darin auflösen und unter die Fruchtcreme rühren. Die Sahne steif schlagen und unterheben. Die Teigplatte aufrollen, die Creme aufstreichen, die Teigplatte wieder zur Rolle formen und mit Puderzucker bestäubt servieren.

Teig

4 Eier, Größe L
50 g Butter
3 EL warmes Wasser
150 g Zucker
1 Päckchen Bourbon-Vanillezucker
1 Prise Salz | 100 g Mehl
50 g Speisestärke | 1 TL Backpulver

Füllung

200 g Joghurt | 4 EL Zucker
2 Päckchen Bourbon-Vanillezucker
Saft von 1/2 Zitrone
300 g Sahnequark, abgetropft
3 Blatt weiße Gelatine
300 ml Sahne
300 g gemischte Beeren

Dekor

500 g Beeren
evtl. Minzeblättchen

Küchengeräte

Handrührgerät
Springform, 24 – 26 cm Ø
Backpapier

Backzeit: 25 Minuten
Kühlzeit: 2 Stunden
Ofentemperatur: 180 °C

Ergibt 8 – 12 Stück

Quarksahnetorte mit Beeren

1 Die Eier trennen. Die Butter zerlassen. Das Eigelb mit dem Wasser schaumig schlagen. Nach und nach Zucker und Vanillezucker zufügen. Weiter schlagen, bis die Masse cremig ist. Die abgekühlte Butter einrühren. Eiweiß mit dem Salz steif schlagen und auf die Eigelbmasse geben. Mehl, Speisestärke und Backpulver vermischen, auf den Eischnee sieben unter die Eigelbmasse heben. Dabei nicht rühren.

2 Eine Springform mit Backpapier auslegen, den Teig hinein geben, glatt streichen und sofort im vorgeheizten Backofen bei 180 °C (Gas Stufe 2, Umluft 160 °C) etwa 25 Minuten backen. Herausnehmen und etwas abkühlen lassen. Aus der Form nehmen, das Backpapier entfernen. Den Kuchen auf einem Kuchengitter auskühlen lassen, dann einmal waagerecht durchschneiden.

3 Für die Füllung Joghurt, Zucker, Vanillezucker und Zitronensaft verrühren. Den Quark durch ein Sieb streichen und unterrühren. Die Gelatine in 3 EL kaltem Wasser einweichen, erwärmen, auflösen und unter die Joghurt-Quark-Masse rühren. Die Sahne steif schlagen und unterheben. Die Hälfte der Masse kühl stellen. Die Erdbeeren waschen, putzen, trocknen und pürieren und mit der restlichen Quarkmasse mischen. Zwei Stunden in den Kühlschrank stellen.

4 Einen Tortenboden mit der Erdbeer-Quarkmasse bestreichen, den anderen Boden darauf geben und die Torte mit der hellen Quarkmasse bestreichen. Die Torte mit Beeren und Minzeblättchen dekorieren.

Teig

4 Eier, Größe L
4 EL warmes Wasser | 150g Zucker
1 Päckchen Bourbon-Vanillezucker
1 Prise Salz | 100 g Mehl
50 g Speisestärke | 1 TL Backpulver

Belag

150 g Himbeerkonfitüre
3 Blatt weiße Gelatine
4 Eigelb, Größe L
60 g Zucker | 100 ml Weißwein
3 EL Holunderblütensirup
1 Eiweiß, Größe L
1 Prise Salz | 200 ml Sahne

Dekor

1 Tasse Holunderblütensirup
100 g Feinstzucker
300 g Himbeeren

Küchengeräte

Handrührgerät
Backblech und -papier

Backzeit: 12 Minuten
Ofentemperatur: 180 °C

Ergibt 8 – 10 Stück

Himbeerkuchen mit Holunderblütensirup

1 Die Eier trennen. In einer Schüssel Eigelb mit dem Wasser schaumig schlagen. Nach und nach Zucker und Vanillezucker zufügen und rühren, bis die Masse cremig ist. Eiweiß mit dem Salz steif schlagen und auf die Eigelbmasse geben. Mehl, Speisestärke und Backpulver vermischen, auf den Eischnee sieben und unter die Eigelbmasse ziehen.

2 Ein Backblech mit Backpapier belegen, den Teig darauf geben, glatt streichen und sofort im vorgeheizten Backofen bei 180 °C (Gas Stufe 2, Umluft 160 °C) etwa 12 Minuten backen. Auf ein mit Zucker bestreutes Papier stürzen, das Backpapier mit kaltem Wasser bestreichen und abziehen. Vom Biskuitboden ringsum die knusprigen Ränder abschneiden, dann den Boden in der Mitte teilen. Beide Stücke auf einem Kuchengitter auskühlen lassen.

3 Die Konfitüre durch ein Sieb streichen. Eine Biskuithälfte mit der Hälfte der Konfitüre bestreichen, die andere Biskuithälfte auflegen und mit der restlichen Konfitüre bestreichen.

4 Die Gelatine in kaltem Wasser einweichen. Eigelb, Zucker und Wein über einem heißen Wasserbad cremig rühren. Die Gelatine ausdrücken, zur Eigelbmasse geben und unterrühren. Holunderblütensirup einrühren. Im kalten Wasserbad kalt schlagen.

5 Das Eiweiß mit einer Prise Salz steif schlagen. Die Sahne steif schlagen, unter die Eigelbcreme heben, danach den Eischnee unterheben. Die Masse auf die Oberfläche des Gebäcks streichen und den Kuchen kalt stellen.

6 Für die Verzierung die Himbeeren in den Sirup tauchen, abtropfen lassen, ringsum mit feinem Zucker bestreuen (keinen Puderzucker verwenden) und auf Backpapier trocknen lassen. Die Himbeeren auf dem Kuchenstück verteilen.

Zarter Biskuit mit Schokolade, Nuss und Vanille

Teig

3 Eier, Größe L | 1 EL warmes Wasser
125 g Zucker
1 Päckchen Bourbon-Vanillezucker
1 Prise Salz | 150 g Mehl
50 g Speisestärke
1 TL Backpulver
50 g gemahlene Mandeln für die Form

Füllung

3 Blatt weiße Gelatine
4 Eigelb, Größe L
125 g Zucker
1 Päckchen Bourbon-Vanillezucker
500 g Quark
200 g Crème fraîche | 250 ml Sahne

Glasur und Dekor

200 g Puderzucker
2 EL Zitronensaft | 2 EL heißes Wasser
20 g zerlassene Butter
1 Bio-Zitrone
Zitronenmelisse

Küchengeräte

Handrührgerät
Springform, 24 – 26 cm Ø
Backpapier

Backzeit: 20 Minuten
Kühlzeit: 2 Stunden
Ofentemperatur: 180 °C

Ergibt 8 – 12 Stück

Käsesahnetorte mit Zitronenglasur

1 Die Eier trennen. Eigelb in eine Schüssel geben und mit dem Wasser schaumig schlagen. Nach und nach Zucker und Vanillezucker zugeben und alles zu einer cremigen Masse schlagen. Eiweiß mit dem Salz steif schlagen und auf die Eigelbmischung geben. Mehl, Speisestärke und Backpulver vermischen und auf den Eischnee sieben. Alles unter die Eigelbmasse heben. Nicht rühren.

2 Eine Springform mit Backpapier auslegen und mit den gemahlenen Mandeln bestreuen. Den Teig einfüllen. Gleichmäßig glatt streichen und sofort im vorgeheizten Backofen bei 180 °C (Gas Stufe 2, Umluft 160 °C) etwa 20 Minuten backen. Herausnehmen, etwas abkühlen lassen, aus der Form nehmen, das Backpapier entfernen und den Biskuitboden auf einem Kuchengitter auskühlen lassen. Danach einmal waagerecht durchschneiden.

3 Für die Füllung die Gelatine in 3 EL kaltem Wasser einweichen, ausdrücken und leicht erwärmen, damit sie sich auflöst. In einer Schüssel Eigelb mit Zucker und Vanillezucker so lange schlagen, bis die Masse cremig ist. Den Quark durch ein Sieb streichen, mit Crème fraîche verrühren und mit der aufgelösten Gelatine unter die Eigelbmasse rühren. 2 Stunden kalt stellen. Dann die Sahne steif schlagen und unterheben.

4 Den unteren Tortenboden mit der Quarksahne bestreichen, den zweiten Boden auflegen und andrücken. Den Puderzucker in eine Schüssel sieben, mit Zitronensaft, dem heißem Wasser und der Butter verrühren und die Torte damit rundum überziehen.

5 Für die Dekoration die Schale der abgewaschenen Zitrone ganz dünn abschälen und die Torte damit und mit den Melisseblättchen verzieren.

Teig

5 Eier, Größe L | 4 EL warmes Wasser
150 g Zucker | 1 Prise Salz
100 g Mehl | 100 g Speisestärke
2 TL Backpulver
80 g gemahlene Haselnüsse

Buttercreme

1 Päckchen Nuss-Puddingpulver (alternativ Schokolade)
125 g Zucker | 1 EL Kakaopulver
500 ml Milch | 250 g Butter
200 g Aprikosenkonfitüre
4 EL Obstgeist

Dekor

200 g Marzipanrohmasse
200 g gehackte Haselnüsse (oder Krokant)

Küchengeräte

Handrührgerät
Springform, 24 – 26 cm Ø

Backzeit: 25 Minuten
Ofentemperatur: 180 °C

Ergibt 8 – 12 Stück

Haselnusscremetorte

1 Die Eier trennen. Eigelb in eine Schüssel geben und mit dem Wasser schaumig schlagen. Nach und nach den Zucker einrieseln lassen und alles cremig schlagen. Eiweiß mit dem Salz steif schlagen und auf die Eigelbmasse geben. Mehl, Speisestärke und Backpulver vermischen, auf den Eischnee sieben und zusammen mit den Haselnüssen unter die Eigelbmasse heben. Nicht rühren.

2 Eine Springform mit Backpapier auslegen, den Teig einfüllen, gleichmäßig glatt streichen und sofort im vorgeheizten Backofen bei 180 °C (Gas Stufe 2, Umluft 160 °C) etwa 25 Minuten backen. Herausnehmen, etwas abkühlen lassen. Den Kuchen aus der Form nehmen, das Backpapier entfernen und zum Auskühlen auf ein Kuchengitter setzen. Den ausgekühlten Biskuitboden zweimal waagerecht durchschneiden.

3 Für die Creme das Puddingpulver mit Zucker, Kakao und etwas kalter Milch glatt rühren. Die restliche Milch zum Kochen bringen, das angerührte Puddingpulver unter Rühren eingießen und kurz aufkochen lassen. Vom Herd nehmen und auskühlen lassen. Dabei mehrmals umrühren, damit sich keine Haut bildet. Die Butter schaumig schlagen und den Pudding esslöffelweise unterrühren. Dabei darauf achten, dass Butter und Pudding die gleiche Temperatur haben, damit die Creme nicht gerinnt.

4 Die Aprikosenkonfitüre durch ein Sieb streichen und mit dem Obstgeist verrühren. Zwei Tortenböden zuerst mit Konfitüre, dann mit je einem Drittel der Puddingcreme bestreichen und aufeinander setzen. Den dritten Boden obenauf geben und mit einem weiteren Drittel der Creme rundum bestreichen.

5 Die Haselnüsse in einer Pfanne ohne Fett goldgelb rösten. Die Tortenmitte im Durchmesser von 10 cm mit der Hälfte der gerösteten Haselnüsse bestreuen. Aus dem Marzipan kleine Kugeln formen, in den restlichen Haselnüssen wälzen und auf den Tortenrand setzen.

Tipp Bereiten Sie die Torte 1 bis 2 Tage im Voraus zu, damit sich die Aromen gut entwickeln können.

Teig
4 Eier, Größe L
4 EL warmes Wasser
180 g Zucker
1 Päckchen Bourbon-Vanillezucker
1 Prise Salz
100 g Mehl
100 g Speisestärke
1 TL Backpulver

Creme
125 g Zucker
6 Eigelb, Größe L
4 EL Rum
200 g weiche Butter

Krokant
2 EL Butter
150 g gehackte Mandeln
2 EL Zucker | 2 EL Butter

Dekor
kandierte Kirschen (Fertigware)

Küchengeräte
Handrührgerät
Kranzform, 24 cm Ø

Backzeit: 25 Minuten
Ofentemperatur: 180 °C

Ergibt 12 Stück

Frankfurter Kranz

1 Die Eier trennen. Eigelb und Wasser schaumig schlagen. Nach und nach Zucker und Vanillezucker dazugeben. Weiter schlagen, bis die Masse cremig ist. Eiweiß mit dem Salz steif schlagen, auf die Eigelbmasse geben. Mehl, Speisestärke und Backpulver vermischen, auf den Eischnee sieben, alles unter die Eigelbmasse ziehen. Nicht rühren.

2 Eine Kranzform mit Backpapier auslegen, den Teig einfüllen und glatt streichen. Sofort im vorgeheizten Backofen bei 180 °C (Gas Stufe 2, Umluft 160 °C) etwa 25 Minuten backen. Herausnehmen, etwas abkühlen lassen. Aus der Form nehmen, das Backpapier entfernen und den Kuchen zum Auskühlen auf ein Kuchengitter setzen, dann einmal waagerecht durchschneiden.

3 Für die Creme den Zucker mit 5 EL Wasser verrühren, kurz aufkochen, vom Herd nehmen, etwas abkühlen lassen. Eigelb und Rum einrühren. Auskühlen lassen. Die Butter cremig schlagen, die Zuckermasse löffelweise einrühren. Die Creme kalt stellen.

4 Für den Krokant die Butter in der Pfanne zerlassen. Mandeln und Zucker zugeben und unter Rühren goldbraun rösten.

5 Den unteren Tortenboden mit einem Drittel der Creme bestreichen, den anderen Boden aufsetzen. Den Kranz ringsum mit einem weiteren Drittel der Creme bestreichen und mit Krokant bestreuen. Die restliche Creme in einem Spritzbeutel mit Sterntülle füllen, Rosetten auf den Kranz spritzen und mit kandierten Kirschen verzieren.

Tipp Nach 1 bis 2 Tagen schmeckt der Kranz besonders aromatisch.

Teig

6 Eier, Größe L
2 EL warmes Wasser | 200 g Zucker
1 Päckchen Bourbon-Vanillezucker
1 Prise Salz | 100 g Mehl
50 g Speisestärke
1 TL Backpulver

Buttercreme

1 Päckchen Schokoladen-Puddingpulver
2 TL Speisestärke
2 EL Kakaopulver
1 TL Instant-Kaffeepulver
100 g Zucker
500 ml Milch | 250 g Butter

Dekor

125 g Zartbitter-Kuvertüre

Küchengeräte

Handrührgerät
Backblech und -papier
Spritzbeutel mit Sterntülle

Backzeit: 10 – 12 Minuten
Ofentemperatur: 180 °C

Ergibt 10 – 12 Stück

Schokoladenrolle

1 Die Eier trennen. Eigelb mit dem Wasser schaumig schlagen. Nach und nach Zucker und Vanillezucker zugeben. Alles so lange schlagen, bis die Masse cremig ist. Eiweiß mit dem Salz steif schlagen, auf die Eigelbmasse geben. Mehl, Speisestärke und Backpulver vermischen, auf die Eiweißmasse sieben und alles unter die Eigelbmasse ziehen. Nicht rühren.

2 Ein Backblech mit Backpapier auslegen, den Teig dünn und gleichmäßig darauf verstreichen. Sofort im vorgeheizten Backofen bei 180 °C (Gas Stufe 2, Umluft 160 °C) etwa 10 bis 12 Minuten backen. Die gebackene Teigplatte auf ein gezuckertes Geschirrtuch stürzen. Das Backpapier mit kaltem Wasser bestreichen und abziehen. Ringsum den knusprigen Rand abschneiden. Die Kuchenplatte mit Hilfe des Geschirrtuchs sofort aufrollen. Wenn die Rolle ausgekühlt ist, vorsichtig wieder aufwickeln.

3 Für die Creme Puddingpulver, Speisestärke, Kakao, Pulverkaffee und Zucker in etwas kalter Milch anrühren. Die restliche Milch in einem Topf zum Kochen bringen, das angerührte Puddingpulver einrühren und kurz aufkochen, danach auf Zimmertemperatur abkühlen lassen. Ab und zu umrühren, damit sich keine Haut bildet.

4 In einer Schüssel die Butter schaumig schlagen und den Pudding esslöffelweise einrühren. Zwei Drittel der Creme auf die Teigplatte streichen und diese mithilfe des Tuchs erneut zusammenrollen. Mit der restlichen Creme die Schokoladenrolle bestreichen.

5 Die Kuvertüre zerkleinern, im warmen Wasserbad schmelzen und mit einem Palettenmesser dünn auf eine kratzfeste Unterlage (zum Beispiel Marmorplatte, Edelstahlarbeitsfläche) streichen. Kurz bevor die Kuvertüre hart wird, mit einem Spachtel Röllchen abschaben. Die Torte mit den Schokoröllchen dekorieren.

Teig

4 Eier, Größe L
2 EL warmes Wasser
150 g Zucker
1 Päckchen Bourbon-Vanillezucker
1 Prise Salz | 150 g Mehl
50 g Speisestärke | 1 TL Backpulver

Füllung

4 Blatt weiße Gelatine | 3 Eier
200 ml Champagner | 75 g Zucker
100 g gehackte Mandeln
400 ml Sahne
150 g Johannisbeergelee

Dekoration

ca. 20 Rosenblütenblätter
1 Tasse Holunderblütensirup
100g Feinstzucker
500 ml Sahne | 1 TL Puderzucker

Küchengeräte

Handrührgerät
Springform, 24 – 26 cm Ø

Backzeit: 25 Minuten
Ofentemperatur: 180 °C

Ergibt 8 – 12 Stück

Champagnertorte

1 Für die Rosendekoration brauchen Sie ca. 20 Rosenblätter von ungespritzten Rosen. Die Blütenblätter mit einem Backpinsel dünn mit Holunderblütensirup bestreichen, etwas antrocknen lassen, die Blätter in ein Zuckerbett aus Feinstzucker (keinen Puderzucker verwenden) geben und mit dem Zucker bestreuen. Die Blüten im Zucker oder im vorgeheizten Backofen bei 50 °C trocknen lassen. Die Ofentür dabei einen Spaltbreit offen lassen, damit die Feuchtigkeit entweichen kann. Nach 5 Minuten prüfen, ob die Blätter gut sind.

2 Für den Biskuitteig die Eier trennen. Eigelb mit dem Wasser schaumig schlagen. Nach und nach Zucker und Vanillezucker zugeben. Die Masse schlagen, bis sie cremig ist. Eiweiß und Salz steif schlagen, auf die Eigelbmasse geben. Mehl, Speisestärke und Backpulver vermischen, auf den Eischnee sieben, alles unter die Eigelbmasse heben. Nicht rühren.

3 Eine Springform mit Backpapier auslegen, den Teig einfüllen und sofort im vorgeheizten Backofen bei 180 °C (Gas Stufe 2, Umluft 160 °C) etwa 25 Minuten backen. Herausnehmen, etwas abkühlen lassen, aus der Form nehmen, das Backpapier abziehen und den Tortenboden zum Auskühlen auf ein Kuchengitter legen. Dann den Boden zweimal waagerecht durchschneiden.

4 Für die Füllung die Gelatine in Wasser einweichen. Die Eier in eine Schüssel geben und mit dem Zucker und 2 EL Champagner schaumig schlagen. Die Gelatine ausdrücken, in 3 EL erwärmtem Champagner auflösen, dann mit dem restlichen Champagner und den Mandeln verrühren und zur Eimasse geben. Die Sahne steif schlagen und unter die Champagnermasse heben.

5 Den untersten Tortenboden mit Johannisbeergelee bestreichen, ein Drittel der Champagnersahne aufstreichen, den zweiten Boden darauf setzen, ein weiteres Drittel der Champagnersahne darauf verteilen, dann den dritten Boden obenauf setzen. Die Torte mit der restlichen Champagnersahne ringsum bestreichen und mit den Rosenblättern bestreuen.

Tipp Anstelle von Rosen können Sie auch Veilchen, Nelken, Gänseblümchen, Levkojen, Magnolien, Reseda, Holunder- oder Jasminblüten verwenden.

Teig
2 EL Instant-Kaffeepulver
6 Eier, Größe L
200 g Zucker
1 Päckchen Bourbon-Vanillezucker
1 Prise Salz
125 g Mehl
80 g Speisestärke
1 TL Backpulver

Buttercreme
3 EL Kaffeelikör
1 Päckchen Schokoladen-Puddingpulver
2 TL Speisestärke
100 g Zucker
5 EL Kakaopulver
500 ml Milch
300 g Butter

Glasur
250 g Puderzucker
1 – 2 EL Kakaopulver
2 EL heißes Wasser
20 g zerlassene Butter

Dekor
kleine Pralinen
evtl. Mokkabohnen

Küchengeräte
Handrührgerät
Springform, 24 – 26 cm Ø
Backpapier

Backzeit: 25 Minuten
Ofentemperatur: 180 °C

Ergibt 8 – 12 Stück

Kaffeetorte

1 Für den Teig das Kaffeepulver in 3 EL heißem Wasser auflösen. Die Eier trennen. Eigelb, Kaffee, Zucker und Vanillezucker schaumig schlagen. Eiweiß mit dem Salz steif schlagen. Den Eischnee auf die Eigelbmasse geben. Mehl, Backpulver und Speisestärke vermischen, auf den Eischnee sieben, alles unter die Eigelbmasse heben. Nicht rühren.

2 Eine Springform mit Backpapier auslegen, den Teig einfüllen, glatt streichen und sofort im vorgeheizten Backofen bei 180 °C (Gas Stufe 2, Umluft 160 °C) etwa 25 Minuten backen. Herausnehmen, etwas abkühlen lassen, aus der Form nehmen, das Backpapier entfernen und den Kuchen zum Auskühlen auf ein Kuchengitter setzen. Den ausgekühlten Biskuit zweimal waagerecht durchschneiden.

3 Das Puddingpulver mit Speisestärke, Zucker und Kakao in etwas kalter Milch glatt rühren. Die restliche Milch zum Kochen bringen, die angerührte Masse hingeben, gut verrühren und kurz aufkochen lassen. Vom Herd nehmen und auf Zimmertemperatur abkühlen lassen. Dabei mehrmals umrühren, damit sich keine Haut bildet. Die weiche Butter schaumig schlagen, esslöffelweise den Pudding einrühren.

4 Die Tortenböden mit dem Kaffeelikör beträufeln. 2 Böden mit der Puddingcreme bestreichen und aufeinander setzen. Den letzten Boden auf die Torte setzen.

5 Für die Glasur Puderzucker und Kakao mischen und in eine vorgewärmte Schüssel sieben. 2 EL heißes Wasser und die Butter zufügen und alles zu einer dickflüssigen Masse verrühren. Die Torte rundum mit einem breiten Messer bestreichen und kühl stellen. Mit kleinen Pralinen oder Mokkabohnen verzieren.

Teig
4 Eier, Größe L
3 EL warmes Wasser
125 g Zucker
1 Päckchen Bourbon-Vanillezucker
1 Prise Salz
100 g Mehl
30 g Speisestärke
1/2 TL Backpulver

Füllung
200 g gemahlene Haselnüsse
125 g Bienenhonig
125 ml Sahne

Dekor
2 EL Puderzucker
1 – 2 TL Kakaopulver

Küchengeräte
Handrührgerät
Backblech und -papier

Backzeit: 12 Minuten
Ofentemperatur: 180 °C

Ergibt 10 – 12 Stück

Nussrolle

1 Die Eier trennen. Eigelb und Wasser schaumig rühren. Zucker und Vanillezucker zugeben, weiter rühren, bis die Masse cremig ist. Eiweiß mit Salz steif schlagen, auf die Eigelbmasse geben. Mehl, Speisestärke und Backpulver mischen, auf den Eischnee sieben. Alles unter die Eigelbmasse ziehen. Nicht rühren.

2 Ein Backblech mit Backpapier auslegen, den Teig gleichmäßig 1 cm dick aufstreichen. Sofort im vorgeheizten Backofen bei 180 °C (Gas Stufe 2, Umluft 160 °C) etwa 12 Minuten backen. Ein Geschirrtuch mit Zucker bestreuen. Den Biskuit nach dem Backen darauf stürzen, das Backpapier mit kaltem Wasser bestreichen und abziehen. Ringsum die knusprigen Ränder abschneiden.

3 Für die Füllung die Nüsse mit Honig und Sahne verrühren. Den Biskuit sofort nach dem Backen mit der Nussfüllung bestreichen und mit Hilfe des Tuches aufrollen.

4 Puderzucker und Kakao vermischen und die Nussrolle damit bestäuben.

Teig
50 g gehackte Walnüsse
5 Eier, Größe L
2 EL warmes Wasser
150 g Zucker
1 Päckchen Bourbon-Vanillezucker
1 Prise Salz
80 g Mehl
50 g Speisestärke
1 TL Backpulver
30 g Kakaopulver

Füllung
1 Päckchen Vanille-Puddingpulver
35 g Speisestärke
150 g Zucker
2 Päckchen Bourbon-Vanillezucker
150 ml frisch gepresster Orangensaft
350 ml Wasser
250 g weiche Butter

Dekor
100 g Vanilleglasur
(Fertigprodukt, gekühlt)

Küchengeräte
Handrührgerät
Springform, 24 – 26 cm Ø
Backpapier

Backzeit: 25 Minuten
Ofentemperatur: 180 °C

Ergibt 8 – 12 Stück

Vanilletorte

1 Die Walnüsse in einer Pfanne ohne Fett rösten. Die Eier trennen. Eigelb und Wasser schaumig rühren. Nach und nach Zucker und Vanillezucker einrühren. Eiweiß mit dem Salz steif schlagen, auf die Eigelbmasse geben. Mehl, Speisestärke, Backpulver und Kakao vermischen, auf den Eischnee sieben. Nüsse aufstreuen. Alles unter die Eigelbmasse ziehen. Nicht rühren.

2 Eine Springform mit Backpapier auslegen, die Masse aufstreichen und sofort im vorgeheizten Backofen bei 180 °C (Gas Stufe 3, Umluft 160 °C) etwa 25 Minuten backen. Herausnehmen, etwas abkühlen lassen, das Backpapier entfernen und den Kuchen auf einem Kuchengitter auskühlen lassen. Dann einmal waagerecht durchschneiden.

3 Puddingpulver, Speisestärke, Zucker, Vanillezucker und Orangensaft verrühren. Das Wasser zum Kochen bringen, die angerührte Puddingmischung einrühren, kurz aufkochen lassen. Vom Herd nehmen und auskühlen lassen. Dabei ab und zu umrühren, damit sich keine Haut bildet. Die Butter schaumig rühren, den Pudding esslöffelweise einrühren.

4 Den untere Tortenboden mit zwei Drittel der Creme bestreichen, den zweiten Boden auflegen, leicht andrücken und mit der restlichen Creme bestreichen.

5 Von der Vanilleglasur mit dem Sparschäler Röllchen abschneiden und die Torte damit dekorieren.

Variante Sie können die Torte auch mit Pistaziensahne füllen: 50 g Pistazien fein mahlen. 500 ml Sahne mit 2 Päckchen Bourbon-Vanillezucker steif schlagen und das Pistazienpulver unterheben. 5 Blatt weiße Gelatine in etwas Wasser einweichen, ausdrücken und in 3 EL Amaretto erwärmen und auflösen. 2 EL der Sahne einrühren, dann die Gelatine unter die Pistaziensahne heben.

Teig

4 Eier, Größe L
4 EL warmes Wasser
150 g Zucker
1 Päckchen Bourbon-Vanillezucker
100 g Mehl
100 g Speisestärke
50 g Kakaopulver
2 TL Backpulver
1 Prise Salz

Buttercreme

1 Päckchen Schokoladen-Puddingpulver
1 EL Kakaopulver
2 EL Zucker | 500 ml Milch
150 g Nougatmasse
(Backzutat, Fertigprodukt)
300 g Butter

Dekor

Kakaopulver
Physalis

Küchengeräte

Handrührgerät
Springform, 24 – 26 cm Ø
Backpapier

Backzeit: 25 Minuten
Ofentemperatur: 180 °C

Ergibt 8 – 12 Stück

Nougatcremetorte

1 Die Eier trennen. Eigelb mit dem Wasser schaumig schlagen. Zucker und Vanillezucker zufügen. Weiter schlagen, bis die Masse cremig ist. Mehl, Speisestärke, Kakao und Backpulver mischen. Eiweiß mit dem Salz steif schlagen, auf die Eigelbmasse geben, die Mehlmischung darauf sieben, alles unter die Eigelbmasse heben. Nicht rühren.

2 Eine Springform mit Backpapier auslegen, den Teig einfüllen, glatt streichen und sofort im vorgeheizten Backofen bei 180 °C (Gas Stufe 2, Umluft 160 °C) etwa 25 Minuten backen. Herausnehmen, etwas abkühlen lassen, aus der Form nehmen, das Backpapier entfernen. Den Biskuitboden zum Auskühlen auf ein Kuchengitter setzen, den abgekühlten Boden zweimal waagerecht durchschneiden.

3 Puddingpulver, Kakao und Zucker in etwas kalter Milch glatt rühren. Die restliche Milch zum Kochen bringen, das angerührte Puddingpulver einrühren, kurz aufkochen lassen, vom Herd nehmen und auskühlen lassen. Ab und zu umrühren, damit sich keine Haut bildet. Nougat zerkleinern und im Wasserbad leicht erwärmen und die Butter einschlagen. Den Pudding esslöffelweise einrühren.

4 Die Hälfte der Puddingcreme auf zwei Tortenböden verteilen und glatt streichen. Die Böden übereinander setzen, den dritten Boden obenauf geben. Mit der restlichen Creme die Torte rundum bestreichen, mit Kakao bestäuben und mit den Physalis dekorieren.

Teig

5 Eier, Größe L | 3 EL warmes Wasser
50 g Butter | 250 g Zucker
1 Päckchen Bourbon-Vanillezucker
180 g Mehl | 100 g Speisestärke
50 g Kakaopulver | 2 TL Backpulver
1 Prise Salz | 4 EL Kaffeelikör

Füllung

3 Blatt weiße Gelatine | 750 ml Milch
2 EL Instant-Espressopulver
1 Päckchen Karamell-Puddingpulver
1 TL Kakaopulver | 100 g Zucker
300 ml Sahne | 1 Eiweiß

Dekor

50 g gehackte Mandeln
1 TL Kakao zum Bestäuben

Küchengeräte

Handrührgerät
Springform, 24 – 26 cm Ø
Backpapier

Backzeit: 30 Minuten
Ofentemperatur: 180 °C

Ergibt 12 Stück

Karamell-Espresso-Sahnetorte

1 Die Eier trennen. Die Butter zerlassen. Eigelb und Wasser schaumig schlagen. Zucker und Vanillezucker zugeben, weiter schlagen, bis die Masse cremig ist. Die flüssige, ausgekühlte Butter einrühren. Mehl, Speisestärke, Kakao und Backpulver vermischen. Eiweiß mit dem Salz steif schlagen und auf die Eigelbmasse geben, die Mehlmischung darauf sieben. Alles mit dem Kaffeelikör unter die Eigelbmasse heben. Nicht rühren.

2 Eine Springform mit Backpapier auslegen, den Teig einfüllen und glatt streichen. Sofort im vorgeheizten Backofen bei 180 °C (Gas Stufe 2, Umluft 160 °C) etwa 30 Minuten backen. Herausnehmen, etwas abkühlen lassen, aus der Form nehmen, das Backpapier entfernen. Den Biskuitboden zum Auskühlen auf ein Kuchengitter setzen, danach waagerecht durchschneiden. Jeden Boden mit Kaffeelikör beträufeln.

3 Die Gelatine in kaltem Wasser einweichen. 250 ml von der Milch erwärmen, das Espressopulver darin auflösen. Die Gelatine ausdrücken, in die warme Espressomilch geben und ebenfalls auflösen.

4 Von den übrigen 500 ml Milch 5 EL abnehmen, das Puddingpulver und den Kakao darin glatt rühren. Die restliche Milch zum Kochen bringen, das angerührte Puddingpulver und den Zucker einrühren. Mehrmals unter Rühren aufwallen lassen. Vom Herd nehmen und auskühlen lassen. Dabei mehrmals umrühren, damit sich keine Haut bildet.

5 Die gehackten Mandeln für die Deko in einer Pfanne ohne Fett rösten und abkühlen lassen.

6 Die Espressomischung unter die Puddingmasse rühren. Sahne und Eiweiß getrennt steif schlagen. Zuerst die Sahne und danach den Eischnee unter die Puddingmasse heben. Danach 6 EL von der Sahne-Puddingmasse abnehmen und beiseite stellen. Die restliche Sahne auf beiden Böden verteilen und glatt streichen. Die Böden zusammensetzen. Mit der beiseite gestellten Sahne den Rand bestreichen. Den Kuchen mit Kakao bestäuben, in die Kuchenmitte die Mandeln geben (klappt gut mit einem Backring).

Teig

6 Eier, Größe L | 100 g Butter
2 EL warmes Wasser
125 g Zucker
1 Päckchen Bourbon-Vanillezucker
1 Fläschchen Rum-Aroma
1 Prise Salz | 100 g Mehl
2 Päckchen Herbe Schokolade-Puddingpulver
50 g Kakaopulver
2 TL Backpulver

Füllung

200 g Aprikosenkonfitüre

Glasur und Dekor

40 g Kokosfett | 100 g gehackte Mandeln
200 g Puderzucker | 30 g Kakaopulver
2 EL heißes Wasser

Küchengeräte

Handrührgerät
Springform, 24 – 26 cm Ø
Backpapier

Backzeit: 25 Minuten
Ofentemperatur: 180 °C

Ergibt 12 – 16 Stück

Schokoladentorte

1 Die Eier trennen. Die Butter zerlassen. Eigelb mit dem Wasser cremig rühren. Nach und nach Zucker, Vanillezucker, Rum-Aroma und die flüssige, abgekühlte Butter unterrühren. Eiweiß mit dem Salz steif schlagen und auf die Eigelbmasse geben. Das Mehl mit Puddingpulver, Kakao und Backpulver mischen und über den Eischnee sieben. Alles vorsichtig unter die Eigelbmasse ziehen. Nicht rühren.

2 Eine Springform mit Backpapier auslegen, den Teig einfüllen, glatt streichen und sofort im vorgeheizten Backofen bei 180 °C (Gas Stufe 2, Umluft 160 °C) etwa 25 Minuten backen. Herausnehmen, etwas abkühlen lassen, aus der Form nehmen, das Backpapier entfernen und den Kuchen zum Auskühlen auf ein Kuchengitter setzen. Den ausgekühlten Biskuitboden waagerecht durchschneiden.

3 Einen Tortenboden mit der Hälfte der Aprikosenkonfitüre bestreichen. Den anderen Boden aufsetzen und leicht andrücken. Die Torte mit der restlichen Konfitüre bestreichen.

4 Das Kokosfett zerkleinern und erwärmen, sodass es flüssig wird. Die Mandeln in einer Pfanne ohne Fett rösten, abkühlen lassen. Puderzucker in eine Schüssel sieben, mit Kakao, heißem Wasser und dem abgekühlten Kokosfett verrühren. Die Torte damit überziehen und den Rand mit den gerösteten Mandeln verzieren.

Tipp Die Schokoladentorte kann auch in einer Herzform gebacken und mit Herzen (zum Beispiel aus dem Süßigkeitenangebot) oder Rosenblättern serviert werden.

Meine besten Backregeln

Backzutaten

- Entscheiden Sie sich stets für die beste Qualität der Zutaten
- Butter, Eier, Sahne, Quark, Früchte sollten frisch sein
- Wiegen Sie alle Zutaten ab und stellen Sie sie auf den Arbeitstisch
- Die Teigzutaten sollten, falls nicht anders angegeben, alle die gleiche Temperatur haben

Eischnee

- Wenn Sie Eiweiß steif schlagen, dann beachten Sie, dass die Arbeitsgeräte sauber und fettfrei sind. Eine Prise Salz macht Eischnee geschmeidiger
- Heißt es im Rezept „die Eier trennen", ist darauf zu achten, dass am Eiweiß kein Eigelb haften bleibt, sonst lässt sich Eiweiß nicht – wie erforderlich – steif schlagen
- Mit Eischnee zubereitete Teige dürfen nicht stehen bleiben, sondern müssen sofort in den Backofen

Mehl, Backpulver und Speisestärke

- Mehl (gut geeignet ist Auszugsmehl Typ 405) sollte man sieben, denn dann ist es lockerer und verbindet sich leichter mit den anderen Zutaten
- Damit der Teig zart und feinporig wird, ersetzt man einen Teil des Mehls durch Speisestärke, die aus Kartoffeln, Reis oder Mais gewonnen wird
- Backpulver wird mit dem Mehl und der Speisestärke vermischt und gesiebt

Zucker

- Für die Rezepte eignet sich feiner Raffinade-Haushaltzucker, für die Zuckerglasuren Puderzucker, diesen aber vor Gebrauch immer sieben

Gelatine

- Blattgelatine stets in kaltem Wasser einweichen, ausdrücken und, wenn im Rezept nicht anders angegeben, in leicht erwärmter Flüssigkeit auflösen

Backofen

- Heizen Sie den Backofen vor
- Lernen Sie Ihren Backofen kennen; prüfen Sie mit einem Backofenthermometer, ob die am Regler angegebene Temperatur mit der Innentemperatur übereinstimmt

Marzipanrosen formen

1 Als Innenteil der Rose dient ein „Stempel", der aus einer Marzipankugel modelliert wird.

2 Auch die Blütenblätter haben eine kleine Marzipankugel als Ausgangsform. Rollen Sie das Marzipan auf der mit Puderzucker bestreuten Arbeitsfläche zu Kugeln von ca. 1 cm Durchmesser, pro Rose brauchen Sie 5 bis 6 Blütenblätter. Die Kugeln werden zunächst mit dem Finger flach gedrückt und am Rand ganz dünn gezogen.

3 Diese Blütenblätter werden dann einzeln, jeweils versetzt und mit dem ganz dünnen Rand nach oben um den Stempel gewickelt und am unteren Stempelteil angedrückt. Zum Schluss wird die Rose am Stempel abgeschnitten.

4 Für die Laubblätter wird Marzipan auf Puderzucker ca. 4 mm dick ausgerollt und mit einer Blattform ausgestochen oder mit einem Messer ausgeschnitten. Die Blattmaserung wird mit einem Messer eingeritzt.

5 Um den Blättern eine hübsche Form zu geben, werden sie über einen mit Puderzucker bestäubten Kochlöffelstiel gelegt.

Rezeptverzeichnis nach Kapiteln

Köstliche Törtchen und Desserts

Fruchtige Rollen und Torten

Zarter Biskuit mit Schokolade, Nuss und Vanille

Alphabetisches Rezeptverzeichnis

ISBN 978-3-572-08109-7

Umschlaggestaltung: Atelier Versen, Bad Aibling
Gestaltung: Epsilon 2, Mundelsheim
Herstellung: Elke Cramer
Rezeptfotos und Steps: Andreas Ketterer
Foodstyling und Rezepte Seite 28 und 41: Evelyn Layher
www.ketterer-layher-foodphoto.de
Fotos Seite 103: T. E. Creative Fotografie + Styling
Bildredaktion: Tanja Nerger
Projektleitung: Anja Halveland

Satz: Epsilon 2, Mundelsheim
Reproduktion: Artilitho snc, Lavis (Trento)
Druck und Verarbeitung: Mohn media Mohndruck GmbH, Gütersloh

Printed in Germany

MIX
Papier aus verantwortungsvollen Quellen
FSC® C011124

Verlagsgruppe Random House FSC® N001967
Das für dieses Buch verwendete FSC®-zertifizierte Papier *Allegro halbmatt* wurde produziert von Sappi Gratkorn.

1. Auflage